Sapore Cinese
Viaggio nel Cuore della Cucina Orientale

Li Ming

Indice

Pollo con germogli di bambù 10
prosciutto cotto al vapore 11
pancetta con cavolo cappuccio 12
Pollo alle mandorle 13
Pollo alle mandorle e castagne d'acqua 15
Pollo alle mandorle e verdure 16
pollo all'anice 17
pollo alle albicocche 19
pollo con asparagi 20
pollo con melanzane 21
Involtino di pollo e pancetta 22
Pollo con germogli di soia 23
Pollo con salsa di fagioli neri 24
pollo con broccoli 25
Pollo con cavolo e arachidi 26
Pollo agli anacardi 27
pollo alle castagne 29
pollo al peperoncino 30
Pollo fritto con pepe 31
pollo alla cinese 33
pollo, chow mein 34
Pollo piccante fritto croccante 36
Pollo fritto con cetriolo 37
Pollo al curry con pepe 39
pollo al curry cinese 40
pollo al curry veloce 41
Pollo al curry con patate 42
coscia di pollo fritto 43
Pollo fritto con salsa al curry 44
pollo ubriaco 45
Pollo saporito con uova 46
involtini di uova di gallina 47

Pollo fritto con uova *50*
pollo dell'Estremo Oriente *52*
Pollo Foo Yung *53*
Foo Yung Prosciutto e Pollo *54*
Pollo fritto allo zenzero *55*
Pollo Con Zenzero *56*
Pollo allo zenzero con funghi e castagne *57*
Pollo d'Oro *58*
Stufato di pollo dorato marinato *59*
Monete d'oro *61*
Pollo al vapore con prosciutto *62*
Pollo con salsa Hoisin *63*
pollo al miele *64*
Pollo Kung Pao *65*
pollo con porro *66*
Pollo Al Limone *67*
Pollo fritto al limone *69*
Fegato di pollo con germogli di bambù *70*
fegato di pollo fritto *71*
Fegato di pollo con taccole *72*
Fegato di pollo con frittella di pasta *73*
Fegato di pollo con salsa di ostriche *74*
Fegato di pollo con ananas *75*
Fegato di pollo in agrodolce *76*
pollo al litchi *77*
Pollo con salsa al litchi *78*
Pollo con taccole *79*
pollo al mango *80*
Melone ripieno di pollo *81*
Pollo in umido e funghi *82*
Pollo con funghi e arachidi *83*
Pollo fritto con funghi *85*
Pollo al vapore con funghi *86*
pollo con cipolla *87*
Pollo all'arancia e limone *88*
Pollo con salsa di ostriche *89*

porzioni di pollo *90*
pollo con arachidi *91*
Pollo al burro di arachidi *92*
pollo con piselli *93*
Pollo alla pechinese *94*
Pollo al pepe *95*
Pollo fritto con pepe *97*
pollo e ananas *99*
Pollo con ananas e litchi *100*
pollo con carne di maiale *101*
Pollo fritto con patate *102*
Pollo alle cinque spezie con patate *103*
Pollo rosso bollito *104*
Polpette Di Pollo *105*
pollo salato *106*
Pollo all'olio di sesamo *107*
pollo allo sherry *108*
Pollo con salsa di soia *109*
pollo fritto piccante *110*
pollo con spinaci *111*
involtini primavera di pollo *112*
Arrosto di maiale piccante *114*
panini di maiale al vapore *115*
maiale con cavolo *117*
Maiale con cavolo e pomodori *119*
Maiale marinato con cavolo cappuccio *120*
maiale con sedano *122*
Maiale con castagne e funghi *123*
la braciola di maiale *124*
yakisoba di maiale *125*
maiale arrosto *127*
maiale con chutney *128*
maiale con cetriolo *129*
Involtini Di Maiale Croccanti *130*
involtini di maiale con uovo *131*
Involtini di uova con carne di maiale e gamberi *132*

Maiale in umido con uovo 133
maiale di fuoco 134
Filetto di maiale fritto 135
Maiale alle cinque spezie 136
Arrosto di maiale profumato 137
Maiale con aglio tritato 138
Arrosto di maiale allo zenzero 139
Maiale con fagiolini 140
Maiale con prosciutto e tofu 141
kebab di maiale fritto 143
Stinco di maiale fritto in salsa rossa 144
carne di maiale marinata 146
Braciole Di Maiale Marinate 148
maiale con funghi 149
polpette al vapore 150
Maiale rosso con funghi 151
frittella di maiale con tagliatelle 152
Maiale e gamberi con frittella di noodle 153
Maiale con salsa di ostriche 154
maiale con arachidi 155
maiale al pepe 157
Maiale piccante con sottaceti 158
Maiale con salsa di prugne 159
maiale con gamberi 160
maiale rosso 161
Maiale in salsa rossa 162
Maiale con spaghetti di riso 164
ricchi gnocchi di maiale 166
Braciole Di Maiale Al Forno 167
maiale piccante 168
fette di maiale felici 169
Maiale con spinaci e carote 170
maiale al vapore 171
Maiale arrosto 172
Maiale con patate dolci 173
maiale in agrodolce 174

carne di maiale salata ... 175
maiale con tofu ... 176
maiale tenero ... 177
due volte maiale ... 178
maiale con verdure ... 179
maiale alle noci ... 180
wonton di maiale ... 181
Maiale con castagne d'acqua ... 182
Wonton di maiale e gamberetti ... 183
Polpette macinate al vapore ... 184
Costolette con salsa di fagioli neri ... 185
Costolette di maiale brasate ... 186
Braciola d'acero bruciato ... 187
cotolette fritte ... 188
Costata con porro ... 189
Costata ai funghi ... 190
Costata all'arancia ... 191
cotoletta di ananas ... 192
Cotoletta di gamberi croccante ... 193
Costolette al vino di riso ... 195
Costolette con semi di sesamo ... 196
Cotolette con salsa agrodolce ... 197
Costoletta brasata ... 199
Costata al pomodoro ... 200
Maiale grigliato ... 202
Maiale freddo con senape ... 203
arrosto di maiale cinese ... 204
maiale con spinaci ... 205
polpette di maiale fritte ... 206
Involtini di uova con carne di maiale e gamberi ... 207
Maiale macinato al vapore ... 209
Maiale fritto con polpa di granchio ... 210
Maiale con germogli di soia ... 211
maiale ubriaco ... 212
coscia di maiale al vapore ... 214
Arrosto di maiale con verdure ... 216

due volte maiale 218

Pollo con germogli di bambù

Serve 4

45 ml/3 cucchiai di olio di arachidi
1 spicchio d'aglio, schiacciato
1 scalogno (erba cipollina), tritato
1 fetta di radice di zenzero tritata
225 g/8 oz di petto di pollo, affettato
225 g/8 once di germogli di bambù, affettati
45 ml/3 cucchiai di salsa di soia
15 ml/1 cucchiaio di vino di riso o sherry secco
5 ml / 1 cucchiaio di farina di mais (amido di mais)

Scaldare l'olio e soffriggere l'aglio, l'erba cipollina e lo zenzero finché saranno leggermente dorati. Aggiungere il pollo e far rosolare per 5 minuti. Aggiungere i germogli di bambù e farli rosolare per 2 minuti. Aggiungere la salsa di soia, il vino o lo sherry e la farina di mais e far rosolare per circa 3 minuti fino a quando il pollo sarà cotto.

prosciutto cotto al vapore

Serve 6-8

900 g / 2 libbre di prosciutto fresco
30 ml/2 cucchiai di zucchero di canna
60 ml / 4 cucchiai di vino di riso o sherry secco

Disporre il prosciutto in una pirofila su una gratella, coprire e cuocere in acqua bollente per circa 1 ora. Aggiungere lo zucchero e il vino o lo sherry nella pirofila, coprire e cuocere per un'altra ora o fino a quando il prosciutto sarà cotto. Lasciare raffreddare nella ciotola prima di tagliare.

pancetta con cavolo cappuccio

Serve 4

4 strisce di pancetta, sbucciate e tritate
2,5 ml/½ cucchiaino di sale
1 fetta di radice di zenzero tritata
½ cavolo tritato
75 ml/5 cucchiai di brodo di pollo
15 ml/1 cucchiaio di salsa di ostriche

Friggere la pancetta fino a renderla croccante e toglierla dalla padella. Aggiungere sale e zenzero e far rosolare per 2 minuti. Aggiungete la verza e mescolate bene, poi aggiungete la pancetta e il brodo, coprite e fate cuocere per circa 5 minuti finché la verza sarà tenera ma ancora leggermente croccante. Aggiungere la salsa di ostriche, coprire e cuocere per 1 minuto prima di servire.

Pollo alle mandorle

Serve 4-6

375 ml / 13 fl oz / 1½ dl di brodo di pollo

60 ml / 4 cucchiai di vino di riso o sherry secco

45 ml / 3 cucchiai di farina di mais (amido di mais)

15 ml/1 cucchiaio di salsa di soia

4 petti di pollo

1 albume d'uovo

2,5 ml/½ cucchiaino di sale

olio per friggere

75 g / 3 oz / ½ tazza di mandorle pelate

1 carota grande, tagliata a cubetti

5 ml/1 cucchiaino di radice di zenzero grattugiata

6 scalogni (scalogno), affettati

3 gambi di sedano, affettati

100 g di funghi, affettati

100 g/4 oz di germogli di bambù, affettati

Mettere in una padella il brodo, metà del vino o dello sherry, 30 ml/2 cucchiai di maizena e la salsa di soia. Portare a ebollizione, mescolando e cuocere per 5 minuti finché il composto non si addensa. Togliere dal fuoco e tenere al caldo.

Rimuovere la pelle e le ossa dal pollo e tagliarlo a pezzi di 2,5 cm/1 cm. Aggiungere il restante vino o sherry e la maizena, l'albume e il sale, aggiungere i pezzi di pollo e mescolare bene. Scaldare l'olio e friggere i pezzi di pollo, pochi alla volta, per circa 5 minuti, fino a doratura. Si asciuga bene. Togliere dalla padella tutto tranne 30 ml/2 cucchiai di olio e friggere le mandorle per 2 minuti fino a doratura. Si asciuga bene. Aggiungere la carota e lo zenzero nella padella e cuocere per 1 minuto. Aggiungete le restanti verdure e fate cuocere per circa 3 minuti, finché le verdure saranno tenere ma ancora croccanti. Riportare il pollo e le mandorle nella padella con la salsa e mescolare a fuoco moderato per alcuni minuti finché non saranno ben cotti.

Pollo alle mandorle e castagne d'acqua

Serve 4

6 funghi cinesi secchi
4 pezzi di pollo, disossati
100 g / 4 once di mandorle tritate
sale e pepe macinato fresco
60 ml/4 cucchiai di olio di arachidi
100 g / 4 oz castagne d'acqua, a fette
75 ml/5 cucchiai di brodo di pollo
30 ml/2 cucchiai di salsa di soia

Mettere a bagno i funghi in acqua calda per 30 minuti e scolarli. Eliminare i gambi e tagliare le estremità. Tagliare il pollo a fettine sottili. Condire generosamente le mandorle con sale e pepe e adagiare le fette di pollo sulle mandorle. Scaldare l'olio e friggere il pollo finché non sarà leggermente dorato. Aggiungete i funghi, le castagne d'acqua, il brodo e la salsa di soia, portate a bollore, coprite e fate cuocere per qualche minuto finché il pollo sarà cotto.

Pollo alle mandorle e verdure

Serve 4

75 ml/5 cucchiai di olio di arachidi

4 fette di radice di zenzero tritata

5 ml/1 cucchiaino di sale

100 g/4 once di cavolo cinese tritato

50 g/2 once di germogli di bambù, tagliati a dadini

50 g di funghi a cubetti

2 gambi di sedano, tagliati a dadini

3 castagne d'acqua a dadini

120 ml / 4 fl oz / ½ tazza di brodo di pollo

225 g/8 oz di petto di pollo, a cubetti

15 ml/1 cucchiaio di vino di riso o sherry secco

50 g / 2 oz taccole (piselli)

100 g di mandorle a scaglie, tostate

10 ml / 2 cucchiaini di farina di mais (amido di mais)

15 ml/1 cucchiaio di acqua

Scaldare metà dell'olio e soffriggere lo zenzero e il sale per 30 secondi. Aggiungete il cavolo, i germogli di bambù, i funghi, il sedano e le castagne d'acqua e fate rosolare per 2 minuti. Aggiungere il brodo, portare ad ebollizione, coprire e cuocere per 2 minuti. Togliere le verdure e la salsa dalla padella. Scaldare l'olio rimanente e friggere il pollo per 1 minuto. Aggiungi vino o sherry e cuoci per 1 minuto. Riportare le verdure nella padella con il basilico e le mandorle e cuocere per 30 secondi. Sbattere la farina di mais con l'acqua fino a formare una pasta, unirla alla salsa e cuocere, mescolando, finché la salsa non si sarà addensata.

pollo all'anice

Serve 4

75 ml/5 cucchiai di olio di arachidi
2 cipolle tritate
1 spicchio d'aglio, tritato
2 fette di radice di zenzero tritata
15 ml/1 cucchiaio di farina di frumento (per tutti gli usi)
30 ml/2 cucchiai di curry in polvere
450 g/1 kg di pollo a dadini
15 ml / 1 cucchiaio di zucchero
30 ml/2 cucchiai di salsa di soia
450 ml / ¾ pt / 2 tazze di brodo di pollo

2 spicchi di anice stellato
225 g/8 once di patate a cubetti

Scaldare metà dell'olio e friggere le cipolle finché saranno leggermente dorate, quindi toglierle dalla padella. Scaldare l'olio rimanente e soffriggere l'aglio e lo zenzero per 30 secondi. Aggiungere la farina e il curry e cuocere per 2 minuti. Riportare la cipolla nella padella, aggiungere il pollo e far rosolare per 3 minuti. Aggiungere lo zucchero, la salsa di soia, il brodo e il finocchio, portare a ebollizione, coprire e cuocere a fuoco lento per 15 minuti. Aggiungere le patate, portare a ebollizione, coprire e cuocere per altri 20 minuti finché saranno tenere.

pollo alle albicocche

Serve 4

4 pezzi di pollo
sale e pepe macinato fresco
pizzico di zenzero in polvere
60 ml/4 cucchiai di olio di arachidi
Barattolo da 225 g / 8 oz di albicocche, dimezzate
300 ml / ½ pt / 1 ¼ tazze di salsa agrodolce
30 ml/2 cucchiai di mandorle a lamelle, tostate

Condire il pollo con sale, pepe e zenzero. Scaldare l'olio e friggere il pollo finché non sarà leggermente dorato. Coprire e cuocere per circa 20 minuti finché saranno teneri, girando di tanto in tanto. Scaricare l'olio. Aggiungere le albicocche e la salsa nella padella, portare a ebollizione, coprire e cuocere a fuoco lento per circa 5 minuti o finché non saranno ben cotte. Decorare con mandorle a lamelle.

pollo con asparagi

Serve 4

45 ml/3 cucchiai di olio di arachidi

5 ml/1 cucchiaino di sale

1 spicchio d'aglio, schiacciato

1 scalogno (erba cipollina), tritato

1 petto di pollo, affettato

30 ml/2 cucchiai di salsa di fagioli neri

350 g / 12 oz asparagi, tagliati a 2,5 cm / 1 pezzo

120 ml / 4 fl oz / ½ tazza di brodo di pollo

5 ml/1 cucchiaino di zucchero

15 ml / 1 cucchiaio di farina di mais (amido di mais)

45 ml/3 cucchiai di acqua

Scaldare metà dell'olio d'oliva e rosolare il sale, l'aglio e l'erba cipollina fino a doratura. Aggiungere il pollo e friggerlo finché non sarà leggermente dorato. Aggiungere la salsa di fagioli neri e mescolare per ricoprire il pollo. Aggiungere gli asparagi, il brodo e lo zucchero, portare a ebollizione, coprire e cuocere per 5 minuti finché il pollo sarà tenero. Sbattere la farina di mais con l'acqua fino a formare una pasta, aggiungerla nella padella e cuocere, mescolando, finché la salsa non sarà chiara e si sarà addensata.

pollo con melanzane

Serve 4

225 g/8 once di pollo, affettato
15 ml/1 cucchiaio di salsa di soia
15 ml/1 cucchiaio di vino di riso o sherry secco
15 ml / 1 cucchiaio di farina di mais (amido di mais)
1 melanzana (melanzana), sbucciata e tagliata a listarelle
30 ml/2 cucchiai di olio di arachidi
2 peperoni rossi secchi
2 spicchi d'aglio, schiacciati
75 ml/5 cucchiai di brodo di pollo

Metti il pollo in una ciotola. Mescolare insieme la salsa di soia, il vino o lo sherry e la farina di mais, incorporare al pollo e lasciare agire per 30 minuti. Sbollentare le melanzane in acqua bollente per 3 minuti e scolarle bene. Scaldare l'olio e friggere i peperoni finché diventano scuri, toglierli e scartarli. Aggiungere l'aglio e il pollo e friggerli finché non saranno leggermente dorati.

Aggiungere il brodo e le melanzane, portare a ebollizione, coprire e cuocere per 3 minuti, mescolando di tanto in tanto.

Involtino di pollo e pancetta

Serve 4-6

225 g/8 once di pollo a dadini
30 ml/2 cucchiai di salsa di soia
15 ml/1 cucchiaio di vino di riso o sherry secco
5 ml/1 cucchiaino di zucchero
5 ml/1 cucchiaino di olio di sesamo
sale e pepe macinato fresco
Fette di pancetta da 225 g/8 once
1 uovo leggermente sbattuto
100 g/4 oz di farina semplice (per tutti gli usi)
olio per friggere
4 pomodori, a fette

Mescolare il pollo con salsa di soia, vino o sherry, zucchero, olio di sesamo, sale e pepe. Coprire e marinare per 1 ora, mescolando di tanto in tanto, quindi rimuovere il pollo ed eliminare la marinata. Tagliate la pancetta a pezzetti e avvolgete i cubetti di pollo. Sbattere le uova con la farina fino ad ottenere un impasto denso, se necessario aggiungere un po' di latte. Immergere i cubetti nella pastella. Scaldare l'olio e friggere i cubetti finché non saranno dorati e ben cotti. Servire guarnito con pomodorini.

Pollo con germogli di soia

Serve 4

45 ml/3 cucchiai di olio di arachidi

1 spicchio d'aglio, schiacciato

1 scalogno (erba cipollina), tritato

1 fetta di radice di zenzero tritata

225 g/8 oz di petto di pollo, affettato

225 g / 8 once di germogli di soia

45 ml/3 cucchiai di salsa di soia

15 ml/1 cucchiaio di vino di riso o sherry secco

5 ml / 1 cucchiaio di farina di mais (amido di mais)

Scaldare l'olio e soffriggere l'aglio, l'erba cipollina e lo zenzero finché saranno leggermente dorati. Aggiungere il pollo e far rosolare per 5 minuti. Aggiungere i germogli di soia e farli rosolare per 2 minuti. Aggiungere la salsa di soia, il vino o lo sherry e la farina di mais e far rosolare per circa 3 minuti fino a quando il pollo sarà cotto.

Pollo con salsa di fagioli neri

Serve 4

30 ml/2 cucchiai di olio di arachidi

5 ml/1 cucchiaino di sale

30 ml/2 cucchiai di salsa di fagioli neri

2 spicchi d'aglio, schiacciati

450 g/1 kg di pollo a dadini

250 ml / 8 fl oz / 1 tazza di brodo

1 peperone verde tritato

1 cipolla tritata

15 ml/1 cucchiaio di salsa di soia

pepe appena macinato

15 ml / 1 cucchiaio di farina di mais (amido di mais)

45 ml/3 cucchiai di acqua

Scaldare l'olio e soffriggere il sale, i fagioli neri e l'aglio per 30 secondi. Aggiungere il pollo e friggerlo finché non sarà leggermente dorato. Aggiungere il brodo, portare ad ebollizione, coprire e cuocere a fuoco lento per 10 minuti. Aggiungere il peperone, la cipolla, la salsa di soia e il pepe, coprire e cuocere per altri 10 minuti. Sbattere la farina di mais con l'acqua fino a formare una pasta, unirla alla salsa e cuocere, mescolando, finché la salsa non si sarà addensata e il pollo sarà tenero.

pollo con broccoli

Serve 4

450 g/1 libbra di pollo, a cubetti

225 g/8 once di fegato di pollo

45 ml / 3 cucchiai di farina di frumento (per tutti gli usi)

45 ml/3 cucchiai di olio di arachidi

1 cipolla, tagliata a dadini

1 peperone rosso a dadini

1 peperone verde tritato

225 g di cimette di broccoli

4 fette di ananas a dadini

30 ml / 2 cucchiai di passata di pomodoro (pasta)

30 ml/2 cucchiai di salsa hoisin

30 ml/2 cucchiai di miele

30 ml/2 cucchiai di salsa di soia

300 ml / ½ pt / 1 ¼ tazza di brodo di pollo

10 ml/2 cucchiaini di olio di sesamo

Passare il pollo e i fegatini nella farina. Scaldare l'olio e friggere il fegato per 5 minuti, quindi toglierlo dalla padella. Aggiungete il pollo, coprite e fate cuocere a fuoco moderato per 15 minuti, mescolando di tanto in tanto. Aggiungere le verdure e l'ananas e far rosolare per 8 minuti. Rimettere i fegatini nel wok, aggiungere gli ingredienti rimanenti e portare a ebollizione. Cuocere, mescolando, finché la salsa non si addensa.

Pollo con cavolo e arachidi

Serve 4

45 ml/3 cucchiai di olio di arachidi

30 ml / 2 cucchiai di arachidi

450 g/1 kg di pollo a dadini

½ cavolo tagliato a quadretti

15 ml/1 cucchiaio di salsa di fagioli neri

2 peperoni rossi, tritati

5 ml/1 cucchiaino di sale

Scaldare un po' d'olio e friggere le arachidi per qualche minuto, mescolando continuamente. Rimuovere, scolare e schiacciare. Scaldare l'olio rimanente e friggere il pollo e il cavolo finché leggermente dorati. Togliere dalla padella. Aggiungere i fagioli neri e la salsa di peperoncino e far rosolare per 2 minuti. Riporta il pollo e il cavolo nella padella con le arachidi tritate e condisci con sale. Friggere fino a quando sarà caldo e servire immediatamente.

Pollo agli anacardi

Serve 4

30 ml/2 cucchiai di salsa di soia
30 ml / 2 cucchiai di farina di mais (amido di mais)
15 ml/1 cucchiaio di vino di riso o sherry secco
350 g di pollo a dadini
45 ml/3 cucchiai di olio di arachidi
2,5 ml/½ cucchiaino di sale
2 spicchi d'aglio, schiacciati
225 g/8 once di funghi, affettati
100 g / 4 oz castagne d'acqua, a fette
100 g di germogli di bambù
50 g / 2 oz taccole (piselli)
225 g / 8 once / 2 tazze di anacardi

300 ml / ½ pt / 1 ¼ tazza di brodo di pollo

Mescolare insieme la salsa di soia, la farina di mais e il vino o lo sherry, versare sul pollo, coprire e lasciare marinare per almeno 1 ora. Scaldare 30 ml/2 cucchiai di olio con sale e aglio e friggere fino a quando l'aglio sarà leggermente dorato. Aggiungere il pollo con la marinata e cuocere per 2 minuti fino a quando il pollo sarà leggermente dorato. Aggiungere i funghi, le castagne d'acqua, i germogli di bambù e il basilico e far rosolare per 2 minuti. Nel frattempo scaldate l'olio rimasto in una padella a parte e friggete gli anacardi a fuoco basso per qualche minuto finché non saranno dorati. Metteteli nella padella con il brodo, portate a bollore, coprite e fate cuocere per 5 minuti. Se la salsa non si fosse addensata abbastanza, aggiungete un po' di farina di mais mescolata con un cucchiaio d'acqua e mescolate finché la salsa non si sarà addensata e diventata chiara.

pollo alle castagne

Serve 4

225 g/8 once di pollo, affettato
5 ml/1 cucchiaino di sale
15 ml/1 cucchiaio di salsa di soia
olio per friggere
250 ml / 8 fl oz / 1 tazza di brodo di pollo
200 g di castagne d'acqua, tritate
225 g di castagne tritate
225 g/8 once di funghi, tagliati in quarti
15 ml/1 cucchiaio di prezzemolo fresco tritato

Cospargere il pollo con sale e salsa di soia e strofinarlo bene sul pollo. Scaldate l'olio e friggete il pollo fino a doratura, toglietelo e scolatelo. Mettete il pollo in una padella con il brodo, portate a ebollizione e fate cuocere per 5 minuti. Aggiungere le castagne d'acqua, le castagne e i funghi, coprire e cuocere per ca. 20 minuti finché tutto sarà morbido. Servire guarnito con prezzemolo.

pollo al peperoncino

Serve 4

350 g/1 libbra di pollo, a cubetti

1 uovo, leggermente sbattuto

10 ml/2 cucchiaini di salsa di soia

2,5 ml/½ cucchiaino di farina di mais (amido di mais)

olio per friggere

1 peperone verde tritato

4 spicchi d'aglio, schiacciati

2 peperoni rossi, tritati

5 ml/1 cucchiaino di pepe appena macinato

5 ml/1 cucchiaino di aceto di vino

5 ml/1 cucchiaino di acqua

2,5 ml/½ cucchiaino di zucchero

2,5 ml/½ cucchiaino di olio al peperoncino

2,5 ml/½ cucchiaino di olio di sesamo

Mescolare il pollo con l'uovo, metà della salsa di soia e la farina di mais e lasciare riposare per 30 minuti. Scaldare l'olio e friggere il pollo fino a doratura e scolarlo bene. Scolare dalla padella tutto tranne 15 ml/1 cucchiaio di olio, aggiungere il peperoncino, l'aglio e il peperoncino e friggere per 30 secondi. Aggiungere pepe, aceto di vino, acqua e zucchero e friggere per 30 secondi. Riporta il pollo nella padella e cuoci per qualche minuto fino a cottura ultimata. Servire cosparso di olio di sesamo e pepe.

Pollo fritto con pepe

Serve 4

225 g/8 once di pollo, affettato
2,5 ml/½ cucchiaino di salsa di soia
2,5 ml/½ cucchiaino di olio di sesamo
2,5 ml/½ cucchiaino di vino di riso o sherry secco
5 ml / 1 cucchiaio di farina di mais (amido di mais)
sale
45 ml/3 cucchiai di olio di arachidi

100 g/4 once di spinaci

4 scalogni (erba cipollina), tritati

2,5 ml/½ cucchiaino di peperoncino in polvere

15 ml/1 cucchiaio di acqua

1 pomodoro, a fette

Mescolare il pollo con la salsa di soia, l'olio di sesamo, il vino o lo sherry, metà della farina di mais e un pizzico di sale. Lascia riposare per 30 minuti. Scaldare 15 ml/1 cucchiaio di olio e friggere il pollo finché non diventa leggermente dorato. Togliere dal wok. Scaldare 15 ml/1 cucchiaio di olio e friggere gli spinaci finché non appassiscono e toglierli dal wok. Scaldare l'olio rimasto e friggere l'erba cipollina, il peperoncino in polvere, l'acqua e la restante farina di mais per 2 minuti. Aggiungete il pollo e fate rosolare velocemente. Disporre gli spinaci su un piatto caldo, ricoprire con il pollo e servire guarnendo con i pomodorini.

pollo alla cinese

Serve 4

100 g/4 once di foglie cinesi tritate

100 g/4 oz di germogli di bambù, tagliati a strisce

60 ml/4 cucchiai di olio di arachidi

3 scalogni (scalogno), affettati

2 spicchi d'aglio, schiacciati

1 fetta di radice di zenzero tritata

225 g di petto di pollo, tagliato a strisce

45 ml/3 cucchiai di salsa di soia

15 ml/1 cucchiaio di vino di riso o sherry secco

5 ml/1 cucchiaino di sale

2,5 ml/½ cucchiaino di zucchero

pepe appena macinato

15 ml / 1 cucchiaio di farina di mais (amido di mais)

Sbollentare le foglie cinesi e i germogli di bambù in acqua bollente per 2 minuti. Scolare e asciugare. Scaldare 45 ml/3 cucchiai di olio e soffriggere la cipolla, l'aglio e lo zenzero finché diventano leggermente dorati. Aggiungere il pollo e rosolare per 4 minuti. Togliere dalla padella. Scaldare l'olio rimanente e friggere le verdure per 3 minuti. Aggiungere il pollo, la salsa di soia, il vino o lo sherry, il sale, lo zucchero e un pizzico di pepe e far rosolare per 1 minuto. Mescolare la farina di mais con un po' d'acqua, incorporarla alla salsa e cuocere, mescolando, fino a quando la salsa si schiarisce e si addensa.

pollo, chow mein

Serve 4

30 ml/2 cucchiai di olio di arachidi
2 spicchi d'aglio, schiacciati
450 g/1 libbra di pollo, affettato
225 g/8 once di germogli di bambù, affettati
100 g di sedano, tagliato a fette
225 g/8 once di funghi, affettati
450 ml / ¾ pt / 2 tazze di brodo di pollo
225 g / 8 once di germogli di soia
4 cipolle a dadini

30 ml/2 cucchiai di salsa di soia
30 ml / 2 cucchiai di farina di mais (amido di mais)
225 g di spaghetti cinesi essiccati

Scaldare l'olio d'oliva con l'aglio fino a doratura, aggiungere il pollo e rosolare per 2 minuti fino a doratura. Aggiungere i germogli di bambù, il sedano e i funghi e far rosolare per 3 minuti. Aggiungere la maggior parte del brodo, portare a ebollizione, coprire e cuocere a fuoco lento per 8 minuti. Aggiungere i germogli di soia e la cipolla e cuocere per 2 minuti, mescolando, finché non rimane un po' di brodo. Mescolare il brodo rimanente con la salsa di soia e la farina di mais. Agitare la padella e cuocere, mescolando, finché la salsa non si schiarisce e si addensa.

Nel frattempo cuocere la pasta in acqua bollente salata per qualche minuto seguendo le istruzioni sulla confezione. Scolare bene, unire al composto di pollo e servire subito.

Pollo piccante fritto croccante

Serve 4

450 g/1 libbra di pollo, tagliato a pezzi

30 ml/2 cucchiai di salsa di soia

30 ml/2 cucchiai di salsa di prugne

45 ml/3 cucchiai di chutney di mango

1 spicchio d'aglio, schiacciato

2,5 ml/½ cucchiaino di zenzero macinato

qualche goccia di brandy

30 ml / 2 cucchiai di farina di mais (amido di mais)

2 uova, sbattute

100 g / 4 oz / 1 tazza di pangrattato secco

30 ml/2 cucchiai di olio di arachidi

6 scalogni (erba cipollina), tritati

1 peperone rosso a dadini

1 peperone verde tritato

30 ml/2 cucchiai di salsa di soia

30 ml/2 cucchiai di miele

30 ml/2 cucchiai di aceto di vino

Metti il pollo in una ciotola. Mescolare le salse, il chutney, l'aglio, lo zenzero e il brandy, versare sul pollo, coprire e lasciare marinare per 2 ore. Scolare il pollo e poi cospargerlo con farina di mais. Passatela nell'uovo e poi nel pangrattato. Scaldare l'olio e friggere il pollo fino a doratura. Togliere dalla padella. Aggiungere le verdure, farle rosolare per 4 minuti e togliere. Scolare l'olio dalla padella e rimettere il pollo e le verdure nella padella con gli ingredienti rimanenti. Portare a ebollizione e scaldare prima di servire.

Pollo fritto con cetriolo

Serve 4

225 g / 8 once di carne di pollo

1 albume d'uovo

2,5 ml/½ cucchiaino di farina di mais (amido di mais)

sale

½ cetriolo

30 ml/2 cucchiai di olio di arachidi

100 g di funghi

50 g/2 once di germogli di bambù, tagliati a strisce
50 g di prosciutto, a cubetti
15 ml/1 cucchiaio di acqua
2,5 ml/½ cucchiaino di sale
2,5 ml/½ cucchiaino di vino di riso o sherry secco
2,5 ml/½ cucchiaino di olio di sesamo

Affettare il pollo e tagliarlo a pezzetti. Mescolare con l'albume, la farina di mais e il sale e lasciare riposare. Tagliare il cetriolo a metà nel senso della lunghezza e tagliarlo in diagonale a fette spesse. Scaldare l'olio e friggere il pollo finché non sarà leggermente dorato, quindi toglierlo dalla padella. Aggiungere il cetriolo e i germogli di bambù e far rosolare per 1 minuto. Riporta il pollo nella padella con il prosciutto, l'acqua, il sale e il vino o lo sherry. Portare a ebollizione e cuocere fino a quando il pollo sarà tenero. Servire cosparso di olio di sesamo.

Pollo al curry con pepe

Serve 4

120 ml / 4 fl oz / ½ tazza di olio di arachidi
4 pezzi di pollo
1 cipolla tritata
5 ml/1 cucchiaino di curry in polvere
5 ml/1 cucchiaino di salsa di peperoncino
15 ml/1 cucchiaio di vino di riso o sherry secco
2,5 ml/½ cucchiaino di sale
600 ml/1 pt/2½ tazze di brodo di pollo
15 ml / 1 cucchiaio di farina di mais (amido di mais)
45 ml/3 cucchiai di acqua
5 ml/1 cucchiaino di olio di sesamo

Scaldare l'olio e friggere i pezzi di pollo finché non saranno dorati su entrambi i lati e toglierli dalla padella. Aggiungere la cipolla, il curry e la salsa di peperoncino e friggere per 1 minuto. Aggiungere il vino o lo sherry e il sale, mescolare bene, quindi rimettere il pollo nella padella e mescolare ancora. Aggiungere il brodo, portare ad ebollizione e cuocere per circa 30 minuti finché il pollo sarà tenero. Se la salsa non si riduce abbastanza, mescolare la farina di mais e l'acqua fino a formare una pasta, aggiungere un po' alla salsa e cuocere, mescolando, finché la salsa non si sarà addensata. Servire cosparso di olio di sesamo.

pollo al curry cinese

Serve 4

45 ml/3 cucchiai di curry in polvere
1 cipolla, affettata
350 g di pollo a dadini
150 ml/¼ pt/½ tazza generosa di brodo di pollo
5 ml/1 cucchiaino di sale
10 ml / 2 cucchiaini di farina di mais (amido di mais)
15 ml/1 cucchiaio di acqua

Scaldare il curry e la cipolla in una padella asciutta per 2 minuti, scuotendo la padella per ricoprire la cipolla. Aggiungere il pollo e mescolare fino a quando il curry sarà ben ricoperto. Aggiungete il brodo e il sale, portate a ebollizione, coprite e fate cuocere per circa 5 minuti finché il pollo sarà tenero. Sbattere la farina di mais con l'acqua fino a formare una pasta, aggiungerla nella padella e cuocere, mescolando, finché la salsa non si sarà addensata.

pollo al curry veloce

Serve 4

Petto di pollo da 450 g/1 libbra, a cubetti

45 ml/3 cucchiai di vino di riso o sherry secco

50 g farina di mais (amido di mais)

1 albume d'uovo

sale

150 ml/¼ pt/½ tazza abbondante di olio di arachidi

15 ml/1 cucchiaio di curry in polvere

10 ml / 2 cucchiaini di zucchero di canna

150 ml/¼ pt/½ tazza generosa di brodo di pollo

Aggiungere i cubetti di pollo e lo sherry e mettere da parte 10 ml/2 cucchiaini di maizena. Sbattere gli albumi con la restante farina di mais e un pizzico di sale, quindi incorporare il pollo fino a ricoprirlo bene. Scaldare l'olio e friggere il pollo finché non sarà ben cotto e dorato. Togliere dalla padella e scolare tutto tranne 15 ml/1 cucchiaio di olio. Aggiungere la farina di mais messa da parte, il curry in polvere e lo zucchero e friggere per 1 minuto. Aggiungere il brodo, portare a ebollizione e cuocere, mescolando continuamente, finché la salsa non si sarà addensata. Riporta il pollo nella padella, giralo e riscaldalo prima di servire.

Pollo al curry con patate

Serve 4

45 ml/3 cucchiai di olio di arachidi

2,5 ml/½ cucchiaino di sale

1 spicchio d'aglio, schiacciato

750 g / 1 ½ lb di pollo a dadini

225 g/8 once di patate a cubetti

4 cipolle a dadini

15 ml/1 cucchiaio di curry in polvere

450 ml / ¾ pt / 2 tazze di brodo di pollo

225 g/8 once di funghi, affettati

Scaldare l'olio d'oliva con sale e aglio, aggiungere il pollo e rosolarlo leggermente. Aggiungere le patate, la cipolla e il curry e friggere per 2 minuti. Aggiungere il brodo, portare a ebollizione, coprire e cuocere per circa 20 minuti fino a quando il pollo sarà cotto, mescolando di tanto in tanto. Aggiungete i funghi, togliete il coperchio e fate cuocere per altri 10 minuti finché il liquido non si sarà ridotto.

coscia di pollo fritto

Serve 4

2 cosce di pollo grandi, disossate

2 cipolline (erba cipollina)

1 fetta di zenzero, schiacciata

120 ml / 4 fl oz / ½ tazza di salsa di soia

5 ml/1 cucchiaino di vino di riso o sherry secco

olio per friggere

5 ml/1 cucchiaino di olio di sesamo

pepe appena macinato

Dividete la carne di pollo e incidetela tutta. Frullare 1 erba cipollina e tritare l'altra. Mescolare l'erba cipollina piatta con lo zenzero, la salsa di soia e il vino o lo sherry. Versare sopra il pollo e marinare per 30 minuti. Rimuovere e scolare. Disporre su un piatto su una griglia a vapore e cuocere per 20 minuti.

Scaldare l'olio e friggere il pollo per circa 5 minuti fino a doratura. Togliere dalla padella, scolare bene e tagliare a fette spesse, quindi disporre le fette su un piatto caldo. Scaldare l'olio di sesamo, aggiungere l'erba cipollina tritata e il pepe, irrorare il pollo e servire.

Pollo fritto con salsa al curry

Serve 4

1 uovo, leggermente sbattuto
30 ml / 2 cucchiai di farina di mais (amido di mais)
25 g / 1 oz / ¼ tazza di farina semplice (per tutti gli usi)
2,5 ml/½ cucchiaino di sale
225 g/8 once di pollo a dadini
olio per friggere
30 ml/2 cucchiai di olio di arachidi
30 ml/2 cucchiai di curry in polvere
60 ml / 4 cucchiai di vino di riso o sherry secco

Sbattere l'uovo con la farina di mais, la farina e il sale fino ad ottenere un impasto denso. Versare sopra il pollo e mescolare bene. Scaldare l'olio e friggere il pollo finché non sarà dorato e ben cotto. Nel frattempo scaldate l'olio e fate soffriggere il curry per 1 minuto. Aggiungi vino o sherry e porta ad ebollizione. Disporre il pollo su un piatto caldo e versarvi sopra la salsa al curry.

pollo ubriaco

Serve 4

450 g di filetto di pollo, tagliato a pezzi

60 ml/4 cucchiai di salsa di soia

30 ml/2 cucchiai di salsa hoisin

30 ml/2 cucchiai di salsa di prugne

30 ml/2 cucchiai di aceto di vino

2 spicchi d'aglio, schiacciati

pizzico di sale

qualche goccia di olio al peperoncino

2 albumi

60 ml / 4 cucchiai di farina di mais (amido di mais)

olio per friggere

200 ml / ½ pt / 1¼ tazze di vino di riso o sherry secco

Metti il pollo in una ciotola. Mescolare le salse e l'aceto di vino, l'aglio, il sale e l'olio, versare sul pollo e far marinare in frigorifero per 4 ore. Montare gli albumi a neve ferma e passarli nella farina. Togliere il pollo dalla marinata e ricoprirlo con l'albume. Scaldare l'olio e friggere il pollo finché non sarà ben cotto e dorato. Scolatele bene su carta da cucina e mettetele in una ciotola. Versare il vino o lo sherry, coprire e marinare in frigorifero per 12 ore. Togliere il pollo dal vino e servire freddo.

Pollo saporito con uova

Serve 4

30 ml/2 cucchiai di olio di arachidi
4 pezzi di pollo
2 scalogni (erba cipollina), tritati
1 spicchio d'aglio, schiacciato
1 fetta di radice di zenzero tritata
175 ml / 6 fl oz / ¾ tazza di salsa di soia
30 ml/2 cucchiai di vino di riso o sherry secco
30 ml/2 cucchiai di zucchero di canna
5 ml/1 cucchiaino di sale
375 ml / 13 fl oz / 1 tazza e ½ di acqua
4 uova sode
15 ml / 1 cucchiaio di farina di mais (amido di mais)

Scaldare l'olio e friggere i pezzi di pollo fino a doratura. Aggiungere lo scalogno, l'aglio e lo zenzero e cuocere per 2 minuti. Aggiungere la salsa di soia, il vino o lo sherry, lo zucchero e il sale e mescolare bene. Aggiungere l'acqua e portare ad ebollizione, coprire e cuocere per 20 minuti. Aggiungete le uova sode, coprite e fate cuocere per altri 15 minuti. Mescolare la farina di mais con un po' d'acqua, incorporarla alla salsa e cuocere, mescolando, fino a quando la salsa si schiarisce e si addensa.

involtini di uova di gallina

Serve 4

4 funghi cinesi secchi

100 g/4 once di pollo, tagliato a strisce

5 ml / 1 cucchiaio di farina di mais (amido di mais)

15 ml/1 cucchiaio di salsa di soia

2,5 ml/½ cucchiaino di sale

2,5 ml/½ cucchiaino di zucchero

60 ml/4 cucchiai di olio di arachidi

225 g / 8 once di germogli di soia

3 scalogni (erba cipollina), tritati

100 g/4 once di spinaci

12 gusci di involtini di uova

1 uovo sbattuto

olio per friggere

Mettere a bagno i funghi in acqua calda per 30 minuti e scolarli. Eliminare i gambi e tritare la parte superiore. Metti il pollo in una ciotola. Mescolare la farina di mais con 5 ml/1 cucchiaino di salsa di soia, sale e zucchero e incorporarla al pollo. Lascia riposare per 15 minuti. Scaldare metà dell'olio e friggere il pollo finché non sarà leggermente dorato. Sbollentare i germogli di soia in acqua bollente per 3 minuti e scolarli. Scaldare l'olio rimanente e friggere gli scalogni fino a quando saranno leggermente dorati. Aggiungete i funghi, i germogli di soia, gli spinaci e la restante salsa di soia, aggiungete il pollo e fate rosolare per 2 minuti. Lasciate raffreddare. Mettete un po' di ripieno al centro di ogni pelle e spennellate i bordi con l'uovo sbattuto. Ripiegare i lati e arrotolare i rotoli, sigillando i bordi con l'uovo. Scaldare l'olio e friggere gli involtini finché non saranno croccanti e dorati.

Pollo fritto con uova

Serve 4

30 ml/2 cucchiai di olio di arachidi
4 filetti di petto di pollo tagliati a listarelle
1 peperone rosso, tagliato a strisce
1 peperone verde, tagliato a strisce
45 ml/3 cucchiai di salsa di soia
45 ml/3 cucchiai di vino di riso o sherry secco
250 ml / 8 fl oz / 1 tazza di brodo di pollo
100 g/4 once di lattuga iceberg, tritata
5 ml/1 cucchiaino di zucchero di canna
30 ml/2 cucchiai di salsa hoisin
sale e pepe
15 ml / 1 cucchiaio di farina di mais (amido di mais)
30 ml/2 cucchiai di acqua
4 uova
30 ml / 2 cucchiai di sherry

Scaldare l'olio e friggere il pollo e i peperoni fino a doratura. Aggiungere la salsa di soia, il vino o lo sherry e il brodo, portare a ebollizione, coprire e cuocere a fuoco lento per 30 minuti. Aggiungere l'insalata, lo zucchero e la salsa hoisin e condire con sale e pepe. Mescolare la farina di mais con l'acqua, unirla alla salsa e scaldare mescolando. Sbattere le uova con lo sherry e friggerle come omelette sottili. Salare e pepare e tagliare a listarelle. Disporre su un piatto caldo e versare sopra il pollo.

pollo dell'Estremo Oriente

Serve 4

60 ml/4 cucchiai di olio di arachidi
450 g/1 libbra di pollo, tagliato a pezzi
2 spicchi d'aglio, schiacciati
2,5 ml/½ cucchiaino di sale
2 cipolle tritate
2 pezzi di gambo di zenzero tritato
45 ml/3 cucchiai di salsa di soia
30 ml/2 cucchiai di salsa hoisin
45 ml/3 cucchiai di vino di riso o sherry secco
300 ml / ½ pt / 1 ¼ tazza di brodo di pollo
5 ml/1 cucchiaino di pepe appena macinato
6 uova sode tritate
15 ml / 1 cucchiaio di farina di mais (amido di mais)
15 ml/1 cucchiaio di acqua

Scaldare l'olio e friggere il pollo fino a doratura. Aggiungere l'aglio, il sale, la cipolla e lo zenzero e soffriggere per 2 minuti. Aggiungere salsa di soia, salsa hoisin, vino o sherry, brodo e pepe. Portare a ebollizione, coprire e cuocere per 30 minuti. Aggiungi le uova. Mescolare la farina di mais con l'acqua e unirla alla salsa. Portare a ebollizione e cuocere, mescolando, finché la salsa non si sarà addensata.

Pollo Foo Yung

Serve 4

6 uova sbattute
45 ml / 3 cucchiai di farina di mais (amido di mais)
100 g di funghi, tritati grossolanamente
225 g/8 oz di petto di pollo, a cubetti
1 cipolla, tritata finemente
5 ml/1 cucchiaino di sale
45 ml/3 cucchiai di olio di arachidi

Sbattere le uova e poi la farina di mais. Mescolare tutti gli ingredienti rimanenti tranne l'olio. Riscaldare l'olio. Versate il composto nella padella poco alla volta ottenendo delle piccole frittelle di circa 3 centimetri di diametro. Cuocere fino a quando il fondo sarà dorato, girare e cuocere l'altro lato.

Foo Yung Prosciutto e Pollo

Serve 4

6 uova sbattute

45 ml / 3 cucchiai di farina di mais (amido di mais)

100 g/4 once di prosciutto, a cubetti

225 g/8 oz di petto di pollo, a cubetti

3 cipolline (erba cipollina), tritate finemente

5 ml/1 cucchiaino di sale

45 ml/3 cucchiai di olio di arachidi

Sbattere le uova e poi la farina di mais. Mescolare tutti gli ingredienti rimanenti tranne l'olio. Riscaldare l'olio. Versate il composto nella padella poco alla volta ottenendo delle piccole frittelle di circa 3 centimetri di diametro. Cuocere fino a quando il fondo sarà dorato, girare e cuocere l'altro lato.

Pollo fritto allo zenzero

Serve 4

1 pollo, tagliato a metà
4 fette di radice di zenzero, schiacciata
30 ml/2 cucchiai di vino di riso o sherry secco
30 ml/2 cucchiai di salsa di soia
5 ml/1 cucchiaino di zucchero
olio per friggere

Metti il pollo in una ciotola poco profonda. Mescolare lo zenzero, il vino o lo sherry, la salsa di soia e lo zucchero, versare sul pollo e strofinare sulla pelle. Lasciare marinare per 1 ora. Scaldare l'olio e friggere il pollo, metà alla volta, finché non sarà leggermente dorato. Togliere l'olio e lasciarlo raffreddare leggermente mentre l'olio si scalda. Riporta il pollo nella padella e cuoci finché non diventa dorato e ben cotto. Scolare bene prima di servire.

Pollo Con Zenzero

Serve 4

225 g/8 oz di pollo, tagliato a fettine sottili

1 albume d'uovo

pizzico di sale

2,5 ml/½ cucchiaino di farina di mais (amido di mais)

15 ml/1 cucchiaio di olio di arachidi

10 fette di radice di zenzero

6 funghi tagliati a metà

1 carota, affettata

2 scalogni (scalogno), affettati

5 ml/1 cucchiaino di vino di riso o sherry secco

5 ml/1 cucchiaino di acqua

2,5 ml/½ cucchiaino di olio di sesamo

Mescolare il pollo con gli albumi, il sale e la farina di mais. Scaldare metà dell'olio e friggere il pollo fino a doratura, quindi toglierlo dalla padella. Scaldare l'olio rimasto e friggere lo zenzero, i funghi, la carota e il cipollotto per 3 minuti. Riporta il pollo nella padella con il vino o lo sherry e l'acqua e cuoci finché il pollo non sarà tenero. Servire cosparso di olio di sesamo.

Pollo allo zenzero con funghi e castagne

Serve 4

60 ml/4 cucchiai di olio di arachidi
225 g/8 once di cipolla, affettata
450 g/1 libbra di pollo, a cubetti
100 g di funghi, affettati
30 ml / 2 cucchiai di farina di frumento (per tutti gli usi)
60 ml/4 cucchiai di salsa di soia
10 ml/2 cucchiaini di zucchero
sale e pepe macinato fresco
900 ml / 1½ pt / 3¾ tazze di acqua calda
2 fette di radice di zenzero tritata
450 g/1 libbra di castagne d'acqua

Scaldate metà dell'olio e fate soffriggere le cipolle per 3 minuti, quindi toglietele dalla padella. Scaldare l'olio rimanente e friggere il pollo finché non sarà leggermente dorato.

Aggiungere i funghi e cuocere per 2 minuti. Cospargere il composto con la farina, aggiungere la salsa di soia, lo zucchero, sale e pepe. Versare l'acqua e lo zenzero, la cipolla e le castagne.

Portare a ebollizione, coprire e cuocere lentamente per 20 minuti. Togliete il coperchio e continuate a cuocere a fuoco lento finché la salsa non si sarà ridotta.

Pollo d'Oro

Serve 4

8 piccoli pezzi di pollo
300 ml / ½ pt / 1 ¼ tazza di brodo di pollo
45 ml/3 cucchiai di salsa di soia
15 ml/1 cucchiaio di vino di riso o sherry secco
5 ml/1 cucchiaino di zucchero
1 radice di zenzero affettata, tritata

Mettete tutti gli ingredienti in una padella capiente, portate ad ebollizione, coprite e fate cuocere per circa 30 minuti fino a quando il pollo sarà cotto. Togliete il coperchio e continuate la cottura finché la salsa non si sarà ridotta.

Stufato di pollo dorato marinato

Serve 4

4 pezzi di pollo
300 ml / ½ pt / 1 ¼ tazze di salsa di soia
olio per friggere
4 cipollotti (scalogno), tagliati a fette spesse
1 fetta di radice di zenzero tritata
2 peperoni rossi, affettati
3 spicchi di anice stellato
50 g/2 once di germogli di bambù, affettati
150 ml/1 ½ pt/½ tazza generosa di brodo di pollo
30 ml / 2 cucchiai di farina di mais (amido di mais)
60 ml/4 cucchiai di acqua
5 ml/1 cucchiaino di olio di sesamo

Tagliare il pollo a pezzi grossi e marinarlo nella salsa di soia per 10 minuti. Rimuovere e scolare, conservando la salsa di soia. Scaldare l'olio e friggere il pollo per circa 2 minuti finché non sarà leggermente dorato. Rimuovere e scolare. Versare tutto tranne 30 ml/2 cucchiai di olio, quindi aggiungere il cipollotto, lo zenzero, il pepe e l'anice stellato e friggere per 1 minuto. Riporta il pollo nella padella con i germogli di bambù e la salsa di soia messa da parte e aggiungi abbastanza brodo da coprire il pollo. Portare a ebollizione e cuocere per circa 10 minuti fino a quando il pollo sarà tenero. Togliere il pollo dalla salsa con una schiumarola e adagiarlo su un piatto caldo. Filtrare la salsa e rimetterla nella padella. Sbattere la farina di mais con l'acqua fino a formare una pasta, unirla alla salsa e cuocere, mescolando, finché la salsa non si sarà addensata.

Monete d'oro

Serve 4

4 filetti di petto di pollo
30 ml/2 cucchiai di miele
30 ml/2 cucchiai di aceto di vino
30 ml / 2 cucchiai di ketchup di pomodoro (catsup)
30 ml/2 cucchiai di salsa di soia
pizzico di sale
2 spicchi d'aglio, schiacciati
5 ml/1 cucchiaino di polvere di cinque spezie
45 ml / 3 cucchiai di farina di frumento (per tutti gli usi)
2 uova, sbattute
5 ml/1 cucchiaino di zenzero grattugiato
5 ml/1 cucchiaino di scorza di limone grattugiata
100 g / 4 oz / 1 tazza di pangrattato secco
olio per friggere

Metti il pollo in una ciotola. Mescolare miele, aceto di vino, ketchup, salsa di soia, sale, aglio e polvere di cinque spezie. Versare sul pollo, mescolare bene, coprire e lasciare marinare in frigorifero per 12 ore.

Togliere il pollo dalla marinata e tagliarlo a strisce spesse. Cospargere di farina. Sbattere le uova, lo zenzero e la scorza di limone. Passate il pollo nel composto e poi nel pangrattato fino a quando sarà ben ricoperto. Scaldare l'olio e friggere il pollo fino a doratura.

Pollo al vapore con prosciutto

Serve 4

4 porzioni di pollo
100 g / 4 oz di prosciutto affumicato, tritato
3 scalogni (erba cipollina), tritati
15 ml/1 cucchiaio di olio di arachidi
sale e pepe macinato fresco
15 ml/1 cucchiaio di prezzemolo

Tagliare le porzioni di pollo in pezzi di 5 cm/1 cm e metterle in una ciotola resistente al calore con il prosciutto e l'erba cipollina. Condire con olio d'oliva, aggiustare di sale e pepe e mescolare delicatamente gli ingredienti. Mettete la ciotola su una griglia nella vaporiera, coprite e fate cuocere in acqua bollente per circa 40 minuti finché il pollo sarà tenero. Servire guarnito con prezzemolo.

Pollo con salsa Hoisin

Serve 4

4 pezzi di pollo tagliati a metà
50 g / 2 once / ½ tazza di farina di mais (amido di mais)
olio per friggere
10 ml/2 cucchiaini di radice di zenzero grattugiata
2 cipolle tritate
225 g di cimette di broccoli
1 peperone rosso, tritato
225 g di funghi
250 ml / 8 fl oz / 1 tazza di brodo di pollo
45 ml/3 cucchiai di vino di riso o sherry secco
45 ml/3 cucchiai di aceto di sidro
45 ml/3 cucchiai di salsa hoisin
20 ml/4 cucchiaini di salsa di soia

Immergere i pezzi di pollo in metà della farina di mais. Scaldare l'olio e friggere i pezzi di pollo, pochi alla volta, per circa 8 minuti, fino a quando saranno dorati e ben cotti. Togliere dalla padella e scolare su carta da cucina. Rimuovere tutto dalla padella tranne 30 ml/2 cucchiai di olio e friggere lo zenzero per 1 minuto. Aggiungere la cipolla e far rosolare per 1 minuto. Aggiungere i broccoli, il peperone e i funghi e far rosolare per 2 minuti. Unire il brodo con la farina di mais riservata e gli ingredienti rimanenti e aggiungere alla padella. Portare a ebollizione, mescolando e cuocere finché la salsa non sarà chiara. Riporta il pollo nel wok e cuoci, mescolando, per circa 3 minuti, finché non sarà completamente riscaldato.

pollo al miele

Serve 4

30 ml/2 cucchiai di olio di arachidi

4 pezzi di pollo

30 ml/2 cucchiai di salsa di soia

120 ml / 4 fl oz / ½ tazza di vino di riso o sherry secco

30 ml/2 cucchiai di miele

5 ml/1 cucchiaino di sale

1 scalogno (erba cipollina), tritato

1 fetta di radice di zenzero, tritata finemente

Scaldare l'olio e friggere il pollo finché non sarà dorato su tutti i lati. Eliminare l'olio in eccesso. Mescolare i restanti ingredienti e versarli nella padella. Portare a ebollizione, coprire e cuocere per circa 40 minuti fino a quando il pollo sarà cotto.

Pollo Kung Pao

Serve 4

450 g/1 kg di pollo a dadini

1 albume d'uovo

5 ml/1 cucchiaino di sale

30 ml / 2 cucchiai di farina di mais (amido di mais)

60 ml/4 cucchiai di olio di arachidi

25 g/1 oncia di peperoncino rosso essiccato, tagliato

5 ml/1 cucchiaino di aglio tritato

15 ml/1 cucchiaio di salsa di soia

15 ml/1 cucchiaio di vino di riso o sherry secco 5 ml/1 cucchiaino di zucchero

5 ml/1 cucchiaino di aceto di vino

5 ml/1 cucchiaino di olio di sesamo

30 ml/2 cucchiai di acqua

Mettete il pollo in una ciotola con gli albumi, il sale e metà della farina di mais e lasciate marinare per 30 minuti. Scaldare l'olio e friggere il pollo finché non sarà leggermente dorato, quindi toglierlo dalla padella. Scaldate nuovamente l'olio e fate soffriggere i peperoni e l'aglio per 2 minuti. Riporta il pollo nella padella con la salsa di soia, il vino o lo sherry, lo zucchero, l'aceto di vino e l'olio di sesamo e friggi per 2 minuti.

Aggiungere la farina di mais rimanente e l'acqua, mescolare nella padella e cuocere, mescolando, finché la salsa non si schiarisce e si addensa.

pollo con porro

Serve 4

30 ml/2 cucchiai di olio di arachidi
5 ml/1 cucchiaino di sale
225 g/8 oz porri, affettati
1 fetta di radice di zenzero tritata
225 g/8 oz di pollo, tagliato a fettine sottili
15 ml/1 cucchiaio di vino di riso o sherry secco
15 ml/1 cucchiaio di salsa di soia

Scaldate metà dell'olio e fate soffriggere il sale e i porri fino a doratura, quindi toglieteli dalla padella. Scaldare l'olio rimanente e friggere lo zenzero e il pollo finché non saranno leggermente dorati. Aggiungere il vino o lo sherry e la salsa di soia e cuocere per altri 2 minuti fino a quando il pollo sarà cotto. Aggiungi nuovamente i porri nella padella e mescola fino a quando non saranno completamente riscaldati. Servire immediatamente.

Pollo Al Limone

Serve 4

4 petti di pollo disossati

2 uova

50 g / 2 once / ½ tazza di farina di mais (amido di mais)

50 g / 2 oz / ½ tazza di farina per tutti gli usi (per tutti gli usi)

150 ml/¼ pt/½ tazza abbondante d'acqua

olio di arachidi per friggere

250 ml / 8 fl oz / 1 tazza di brodo di pollo

60 ml/5 cucchiai di succo di limone

30 ml/2 cucchiai di vino di riso o sherry secco

30 ml / 2 cucchiai di farina di mais (amido di mais)

30 ml / 2 cucchiai di passata di pomodoro (pasta)

1 testa di insalata

Tagliare ogni petto di pollo in 4 pezzi. Sbattere le uova, la farina di mais e la farina, aggiungendo abbastanza acqua per ottenere un impasto denso. Metti i pezzi di pollo nella pastella e mescola fino a quando saranno ben ricoperti. Scaldare l'olio e friggere il pollo finché non sarà dorato e ben cotto.

Nel frattempo, unire il brodo, il succo di limone, il vino o lo sherry, l'amido di mais e la passata di pomodoro e scaldare dolcemente, mescolando fino a quando il composto bolle. Cuocere dolcemente, mescolando continuamente, finché la salsa non si addensa e diventa chiara. Disporre il pollo su un piatto caldo su un letto di foglie di lattuga e irrorare con la salsa o servire a parte.

Pollo fritto al limone

Serve 4

450 g/1 libbra di pollo disossato, tagliato a fette
30 ml/2 cucchiai di succo di limone
15 ml/1 cucchiaio di salsa di soia
15 ml/1 cucchiaio di vino di riso o sherry secco
30 ml / 2 cucchiai di farina di mais (amido di mais)
30 ml/2 cucchiai di olio di arachidi
2,5 ml/½ cucchiaino di sale
2 spicchi d'aglio, schiacciati
50 g di castagne d'acqua, tagliate a listarelle
50 g/2 once di germogli di bambù, tagliati a strisce
alcune foglie cinesi, tagliate a strisce
60 ml/4 cucchiai di brodo di pollo
15 ml / 1 cucchiaio di passata di pomodoro (pasta)
15 ml / 1 cucchiaio di zucchero
15 ml/1 cucchiaio di succo di limone

Metti il pollo in una ciotola. Mescolare insieme il succo di limone, la salsa di soia, il vino o lo sherry e 15 ml/1 cucchiaio di farina di mais, versare sul pollo e lasciarlo marinare per 1 ora, girando di tanto in tanto.

Scaldare l'olio d'oliva, il sale e l'aglio fino a quando l'aglio sarà leggermente dorato, aggiungere il pollo e la marinata e far rosolare per circa 5 minuti fino a quando il pollo sarà leggermente dorato. Aggiungere le castagne d'acqua, i germogli di bambù e le foglie cinesi e far rosolare per altri 3 minuti o fino a quando il pollo sarà cotto. Aggiungere gli altri ingredienti e friggere per ca. 3 minuti fino a quando la salsa sarà chiara e addensata.

Fegato di pollo con germogli di bambù

Serve 4

225 g/8 oz di fegato di pollo, tagliato a fette spesse
45 ml/3 cucchiai di vino di riso o sherry secco
45 ml/3 cucchiai di olio di arachidi
15 ml/1 cucchiaio di salsa di soia
100 g/4 oz di germogli di bambù, affettati
100 g / 4 oz castagne d'acqua, a fette
60 ml/4 cucchiai di brodo di pollo
sale e pepe macinato fresco

Mescolare i fegatini di pollo con il vino o lo sherry e lasciarli riposare per 30 minuti. Scaldare l'olio e friggere i fegatini di pollo fino a quando saranno leggermente dorati. Aggiungere la marinata, la salsa di soia, i germogli di bambù, le castagne d'acqua e il brodo. Portare a ebollizione e condire con sale e pepe. Coprire e cuocere per circa 10 minuti fino a quando saranno teneri.

fegato di pollo fritto

Serve 4

450 g di fegato di pollo, tagliato a metà
50 g / 2 once / ½ tazza di farina di mais (amido di mais)
olio per friggere

Asciugare i fegatini di pollo e cospargerli con farina di mais, eliminando l'eccesso. Scaldare l'olio e friggere i fegatini di pollo per qualche minuto finché non saranno dorati e ben cotti. Scolare su carta da cucina prima di servire.

Fegato di pollo con taccole

Serve 4

225 g/8 oz di fegato di pollo, tagliato a fette spesse

10 ml / 2 cucchiaini di farina di mais (amido di mais)

10 ml / 2 cucchiaini di vino di riso o sherry secco

15 ml/1 cucchiaio di salsa di soia

45 ml/3 cucchiai di olio di arachidi

2,5 ml/½ cucchiaino di sale

2 fette di radice di zenzero tritata

100 g / 4 oz taccole (piselli)

10 ml / 2 cucchiaini di farina di mais (amido di mais)

60 ml/4 cucchiai di acqua

Metti i fegatini di pollo in una ciotola. Aggiungi farina di mais, vino o sherry e salsa di soia e mescola bene. Scaldare metà dell'olio e friggere il sale e lo zenzero fino a doratura. Aggiungete le taccole e friggetele finché saranno ben ricoperte d'olio, quindi toglietele dalla padella. Scaldare l'olio rimanente e friggere i fegatini di pollo per 5 minuti fino a cottura ultimata. Sbattere la farina di mais con l'acqua fino a formare una pasta, aggiungerla nella padella e cuocere, mescolando, finché la salsa non sarà chiara e si sarà addensata. Riporta le taccole nella padella e cuoci finché non saranno ben cotte.

Fegato di pollo con frittella di pasta

Serve 4

30 ml/2 cucchiai di olio di arachidi
1 cipolla, affettata
450 g di fegato di pollo, tagliato a metà
2 gambi di sedano, affettati
120 ml / 4 fl oz / ½ tazza di brodo di pollo
15 ml / 1 cucchiaio di farina di mais (amido di mais)
15 ml/1 cucchiaio di salsa di soia
30 ml/2 cucchiai di acqua
frittella di maccheroni

Scaldare l'olio e friggere la cipolla finché non sarà appassita. Aggiungere i fegatini di pollo e friggerli fino a doratura. Aggiungere il sedano e far rosolare per 1 minuto. Aggiungere il brodo, portare ad ebollizione, coprire e cuocere per 5 minuti. Frullare la farina di mais, la salsa di soia e l'acqua fino a formare una pasta, aggiungere nella padella e cuocere, mescolando, finché la salsa non sarà chiara e si sarà addensata. Versare il composto sulla frittella di maccheroni e servire.

Fegato di pollo con salsa di ostriche

Serve 4

45 ml/3 cucchiai di olio di arachidi

1 cipolla tritata

225 g / 8 oz di fegatini di pollo, tagliati a metà

100 g di funghi, affettati

30 ml / 2 cucchiai di salsa di ostriche

15 ml/1 cucchiaio di salsa di soia

15 ml/1 cucchiaio di vino di riso o sherry secco

120 ml / 4 fl oz / ½ tazza di brodo di pollo

5 ml/1 cucchiaino di zucchero

15 ml / 1 cucchiaio di farina di mais (amido di mais)

45 ml/3 cucchiai di acqua

Scaldare metà dell'olio e friggere la cipolla fino a doratura. Aggiungere i fegatini di pollo e friggerli fino a doratura. Aggiungere i funghi e friggere per 2 minuti. Aggiungere la salsa di ostriche, la salsa di soia, il vino o lo sherry, il brodo e lo zucchero, versare nella padella e scaldare mescolando. Sbattere la maizena con l'acqua fino a formare una pasta, unirla nella padella e cuocere, mescolando, finché la salsa non sarà chiara e addensata e i fegatini saranno teneri.

Fegato di pollo con ananas

Serve 4

225 g / 8 oz di fegatini di pollo, tagliati a metà
45 ml/3 cucchiai di olio di arachidi
30 ml/2 cucchiai di salsa di soia
15 ml / 1 cucchiaio di farina di mais (amido di mais)
15 ml / 1 cucchiaio di zucchero
15 ml/1 cucchiaio di aceto di vino
sale e pepe macinato fresco
Pezzi di ananas da 100 g / 4 once
60 ml/4 cucchiai di brodo di pollo

Sbollentare i fegatini di pollo in acqua bollente per 30 secondi e scolarli. Scaldare l'olio e friggere i fegatini di pollo per 30 secondi. Mescolare salsa di soia, farina di mais, zucchero, aceto di vino, sale e pepe, versare nella padella e mescolare bene per ricoprire i fegatini di pollo. Aggiungere i pezzi di ananas e il brodo e cuocere per circa 3 minuti fino a quando i fegatini saranno cotti.

Fegato di pollo in agrodolce

Serve 4

30 ml/2 cucchiai di olio di arachidi
450 g/1 libbra di fegato di pollo, tagliato in quarti
2 peperoni verdi, tagliati a pezzi
4 lattine di ananas a fette, tagliate a pezzi
60 ml/4 cucchiai di brodo di pollo
30 ml / 2 cucchiai di farina di mais (amido di mais)
10 ml/2 cucchiaini di salsa di soia
100 g / 4 once / ½ tazza di zucchero
120 ml / 4 fl oz / ½ tazza di aceto di vino
120 ml / 4 fl oz / ½ tazza di acqua

Scaldare l'olio e friggere i fegatini finché non saranno leggermente dorati, quindi trasferirli su un piatto caldo. Aggiungere i peperoni nella padella e friggerli per 3 minuti. Aggiungere l'ananas e il brodo, portare a ebollizione, coprire e cuocere a fuoco lento per 15 minuti. Mescolare gli ingredienti rimanenti fino a formare una pasta, unirli nella padella e cuocere, mescolando, finché la salsa non si sarà addensata. Versare sui fegatini di pollo e servire.

pollo al litchi

Serve 4

3 petti di pollo
60 ml / 4 cucchiai di farina di mais (amido di mais)
45 ml/3 cucchiai di olio di arachidi
5 scalogni (scalogno), affettati
1 peperone rosso, tagliato a pezzi
120 ml / 4 fl oz / ½ tazza di salsa di pomodoro
120 ml / 4 fl oz / ½ tazza di brodo di pollo
5 ml/1 cucchiaino di zucchero
275 g di litchi sbucciati

Tagliare i petti di pollo a metà ed eliminare ed eliminare le ossa e la pelle. Tagliare ciascun petto in 6 parti. Conservare 5 ml/1 cucchiaino di maizena e aggiungere il resto fino a ricoprirlo bene del pollo. Scaldare l'olio e friggere il pollo per circa 8 minuti fino a doratura. Aggiungere l'erba cipollina e il pepe e far rosolare per 1 minuto. Aggiungete la salsa di pomodoro, metà del brodo e lo zucchero e mescolate nel wok con il litchi. Portare a ebollizione, coprire e cuocere per circa 10 minuti fino a quando il pollo sarà cotto. Aggiungere la farina di mais e il brodo messi da parte, quindi mescolare nella padella. Cuocere, mescolando, finché la salsa non sarà chiara e si sarà addensata.

Pollo con salsa al litchi

Serve 4

Pollo da 225 g/8 once
1 cipollotto (erba cipollina)
4 castagne d'acqua
30 ml / 2 cucchiai di farina di mais (amido di mais)
45 ml/3 cucchiai di salsa di soia
30 ml/2 cucchiai di vino di riso o sherry secco
2 albumi
olio per friggere
Lattina da 400 g / 14 once di litchi sciroppati
5 cucchiai di brodo di pollo

Tritare (schiacciare) il pollo con l'erba cipollina e le castagne d'acqua. Mescolare metà della maizena, 30 ml/2 cucchiai di salsa di soia, il vino o lo sherry e gli albumi e formare con il composto delle palline grandi quanto una noce. Scaldare l'olio e friggere il pollo fino a doratura. Scolare su carta da cucina.

Nel frattempo scaldare leggermente lo sciroppo di litchi con il brodo e la salsa di soia messa da parte. Mescolare la farina di mais rimanente con un po' d'acqua, versarla nella padella e cuocere, mescolando, finché la salsa non sarà chiara e addensata. Aggiungere il litchi e cuocere a fuoco lento per riscaldarlo. Disporre il pollo su un piatto caldo, versarvi sopra il litchi e la salsa e servire.

Pollo con taccole

Serve 4

225 g/8 oz di pollo, tagliato a fettine sottili
5 ml / 1 cucchiaio di farina di mais (amido di mais)
5 ml/1 cucchiaino di vino di riso o sherry secco
5 ml/1 cucchiaino di olio di sesamo
1 albume d'uovo, leggermente sbattuto
45 ml/3 cucchiai di olio di arachidi
1 spicchio d'aglio, schiacciato
1 fetta di radice di zenzero tritata
100 g / 4 oz taccole (piselli)
120 ml / 4 fl oz / ½ tazza di brodo di pollo
sale e pepe macinato fresco

Mescolare il pollo con farina di mais, vino o sherry, olio di sesamo e albume. Scaldare metà dell'olio e friggere l'aglio e lo zenzero fino a doratura. Aggiungere il pollo e friggerlo fino a doratura e toglierlo dalla padella. Scaldare l'olio rimanente e friggere il basilico per 2 minuti. Aggiungere il brodo, portare ad ebollizione, coprire e cuocere per 2 minuti. Riporta il pollo nella padella e condisci con sale e pepe. Cuocere delicatamente finché non sarà completamente riscaldato.

pollo al mango

Serve 4

100 g / 4 oz / 1 tazza di farina semplice (per tutti gli usi)

250 ml / 8 fl oz / 1 tazza di acqua

2,5 ml/½ cucchiaino di sale

pizzico di lievito

3 petti di pollo

olio per friggere

1 fetta di radice di zenzero tritata

150 ml/¼ pt/½ tazza generosa di brodo di pollo

45 ml/3 cucchiai di aceto di vino

45 ml/3 cucchiai di vino di riso o sherry secco

20 ml/4 cucchiaini di salsa di soia

10 ml/2 cucchiaini di zucchero

10 ml / 2 cucchiaini di farina di mais (amido di mais)

5 ml/1 cucchiaino di olio di sesamo

5 scalogni (scalogno), affettati

400 g/11 oz di mango in scatola, scolato e tagliato a listarelle

Mescolare la farina, l'acqua, il sale e il lievito. Lascia riposare per 15 minuti. Rimuovere ed eliminare la pelle e le ossa dal pollo. Tagliare il pollo a strisce sottili. Mescolateli al composto di farina. Scaldare l'olio e friggere il pollo per circa 5 minuti fino a doratura. Togliere dalla padella e scolare su carta da cucina. Rimuovere tutto dal wok tranne 15 ml/1 cucchiaio di olio e friggere lo zenzero finché non diventa leggermente dorato. Mescolare il brodo con vino, aceto di vino o di sherry, salsa di soia, zucchero, farina di mais e olio di sesamo. Aggiungere nella padella e portare a ebollizione, mescolando. Aggiungere l'erba cipollina e far rosolare per 3 minuti. Aggiungere il pollo e il mango e cuocere, mescolando, per 2 minuti.

Melone ripieno di pollo

Serve 4

350 g/12 once di pollo

6 castagne d'acqua

2 capesante sgusciate

4 fette di radice di zenzero

5 ml/1 cucchiaino di sale

15 ml/1 cucchiaio di salsa di soia

600 ml/1 pt/2½ tazze di brodo di pollo
8 meloni cantalupo piccoli o 4 medi

Tritare finemente il pollo, le castagne, le capesante e lo zenzero e mescolare con sale, salsa di soia e brodo. Tagliare le cime dei meloni e rimuovere i semi. Si adatta ai bordi superiori. Farcite i meloni con il composto di pollo e metteteli su una griglia a vapore. Cuocere in acqua bollente per 40 minuti fino a quando il pollo sarà cotto.

Pollo in umido e funghi

Serve 4

45 ml/3 cucchiai di olio di arachidi
1 spicchio d'aglio, schiacciato
1 scalogno (erba cipollina), tritato
1 fetta di radice di zenzero tritata
225 g/8 oz di petto di pollo, affettato
225 g di funghi
45 ml/3 cucchiai di salsa di soia
15 ml/1 cucchiaio di vino di riso o sherry secco
5 ml / 1 cucchiaio di farina di mais (amido di mais)

Scaldare l'olio e soffriggere l'aglio, l'erba cipollina e lo zenzero finché saranno leggermente dorati. Aggiungere il pollo e far rosolare per 5 minuti. Aggiungere i funghi e farli rosolare per 3 minuti. Aggiungere la salsa di soia, il vino o lo sherry e la farina di mais e cuocere per circa 5 minuti fino a quando il pollo sarà cotto.

Pollo con funghi e arachidi

Serve 4

30 ml/2 cucchiai di olio di arachidi

2 spicchi d'aglio, schiacciati

1 fetta di radice di zenzero tritata

450 g/1 libbra di pollo disossato, a cubetti

225 g di funghi

100 g/4 oz di germogli di bambù, tagliati a strisce

1 peperone verde tritato

1 peperone rosso a dadini

250 ml / 8 fl oz / 1 tazza di brodo di pollo

30 ml/2 cucchiai di vino di riso o sherry secco

15 ml/1 cucchiaio di salsa di soia

15 ml/1 cucchiaio di Tabasco

30 ml / 2 cucchiai di farina di mais (amido di mais)
30 ml/2 cucchiai di acqua

Scaldare l'olio d'oliva, l'aglio e lo zenzero fino a quando l'aglio sarà leggermente dorato. Aggiungere il pollo e rosolarlo finché non sarà leggermente dorato. Aggiungere i funghi, i germogli di bambù e i peperoni e far rosolare per 3 minuti. Aggiungere il brodo, il vino o lo sherry, la salsa di soia e la salsa Tabasco e portare a ebollizione mescolando. Coprire e cuocere per circa 10 minuti fino a quando il pollo sarà cotto. Mescolare la farina di mais con l'acqua e unirla alla salsa. Cuocere, mescolando, fino a quando la salsa sarà chiara e addensata, aggiungendo ancora un po' di brodo o acqua se la salsa fosse troppo densa.

Pollo fritto con funghi

Serve 4

6 funghi cinesi secchi

1 petto di pollo, tagliato a fettine sottili

1 fetta di radice di zenzero tritata

2 scalogni (erba cipollina), tritati

15 ml / 1 cucchiaio di farina di mais (amido di mais)

15 ml/1 cucchiaio di vino di riso o sherry secco

30 ml/2 cucchiai di acqua

2,5 ml/½ cucchiaino di sale

45 ml/3 cucchiai di olio di arachidi

225 g/8 once di funghi, affettati

100 g / 4 once di germogli di soia

15 ml/1 cucchiaio di salsa di soia

5 ml/1 cucchiaino di zucchero

120 ml / 4 fl oz / ½ tazza di brodo di pollo

Mettere a bagno i funghi in acqua calda per 30 minuti e scolarli. Eliminare i gambi e tagliare le estremità. Metti il pollo in una ciotola. Mescolare zenzero, erba cipollina, farina di mais, vino o sherry, acqua e sale, aggiungere il pollo e lasciare in ammollo per 1 ora. Scaldare metà dell'olio e friggere il pollo fino a doratura, quindi toglierlo dalla padella. Scaldare l'olio d'oliva rimanente e rosolare i funghi freschi secchi e i germogli di soia per 3 minuti. Aggiungete la salsa di soia, lo zucchero e il brodo, portate a ebollizione, coprite e fate cuocere per 4 minuti finché le verdure saranno tenere. Riporta il pollo nella padella, mescola bene e riscalda delicatamente prima di servire.

Pollo al vapore con funghi

Serve 4

4 pezzi di pollo
30 ml / 2 cucchiai di farina di mais (amido di mais)
30 ml/2 cucchiai di salsa di soia
3 scalogni (erba cipollina), tritati
2 fette di radice di zenzero tritata
2,5 ml/½ cucchiaino di sale

100 g di funghi, affettati

Tagliare i pezzi di pollo in pezzi di 5/2 cm e metterli in una ciotola resistente al calore. Mescolare la farina di mais con la salsa di soia fino a formare una pasta, aggiungere l'erba cipollina, lo zenzero e il sale e mescolare bene con il pollo. Mescolare delicatamente i funghi. Mettere la ciotola su una griglia nella vaporiera, coprire e cuocere in acqua bollente per circa 35 minuti finché il pollo sarà tenero.

pollo con cipolla

Serve 4

60 ml/4 cucchiai di olio di arachidi

2 cipolle tritate

450 g/1 libbra di pollo, affettato

30 ml/2 cucchiai di vino di riso o sherry secco

250 ml / 8 fl oz / 1 tazza di brodo di pollo

45 ml/3 cucchiai di salsa di soia

30 ml / 2 cucchiai di farina di mais (amido di mais)

45 ml/3 cucchiai di acqua

Scaldare l'olio e friggere la cipolla fino a quando sarà leggermente dorata. Aggiungere il pollo e friggerlo finché non sarà leggermente dorato. Aggiungere il vino o lo sherry, il brodo e la salsa di soia, portare a ebollizione, coprire e cuocere per 25 minuti finché il pollo sarà tenero. Sbattere la farina di mais con l'acqua fino a formare una pasta, aggiungerla nella padella e cuocere, mescolando, finché la salsa non sarà chiara e si sarà addensata.

Pollo all'arancia e limone

Serve 4

350 g di pollo, tagliato a strisce

30 ml/2 cucchiai di olio di arachidi

2 spicchi d'aglio, schiacciati

2 fette di radice di zenzero tritata

buccia grattugiata di ½ arancia

buccia grattugiata di ½ limone

45 ml/3 cucchiai di succo d'arancia

45 ml/3 cucchiai di succo di limone

15 ml/1 cucchiaio di salsa di soia

3 scalogni (erba cipollina), tritati

15 ml / 1 cucchiaio di farina di mais (amido di mais)

45 ml/1 cucchiaio di acqua

Sbollentare il pollo in acqua bollente per 30 secondi e scolarlo. Scaldare l'olio e soffriggere l'aglio e lo zenzero per 30 secondi. Aggiungere la scorza e il succo di arancia e limone, la salsa di soia e l'erba cipollina e far rosolare per 2 minuti. Aggiungere il pollo e cuocere per qualche minuto fino a quando il pollo sarà tenero. Sbattere la farina di mais con l'acqua fino a formare una pasta, aggiungerla nella padella e cuocere, mescolando, finché la salsa non si sarà addensata.

Pollo con salsa di ostriche

Serve 4

30 ml/2 cucchiai di olio di arachidi
1 spicchio d'aglio, schiacciato
1 fetta di zenzero, tritata finemente
450 g/1 libbra di pollo, affettato
250 ml / 8 fl oz / 1 tazza di brodo di pollo
30 ml / 2 cucchiai di salsa di ostriche
15 ml/1 cucchiaio di vino di riso o sherry
5 ml/1 cucchiaino di zucchero

Scaldare l'olio con l'aglio e lo zenzero e friggere fino a leggera doratura. Aggiungere il pollo e rosolarlo per circa 3 minuti finché non sarà leggermente dorato. Aggiungere il brodo, la salsa di ostriche, il vino o lo sherry e lo zucchero, portare a ebollizione mescolando, coprire e cuocere per ca. 15 minuti, mescolando di tanto in tanto, fino a quando il pollo sarà cotto. Togliete il coperchio e continuate la cottura, mescolando, per circa 4 minuti, finché la salsa non si sarà ridotta e si sarà addensata.

porzioni di pollo

Serve 4

Pollo da 225 g/8 once
30 ml/2 cucchiai di vino di riso o sherry secco
30 ml/2 cucchiai di salsa di soia
pergamena o carta da forno
30 ml/2 cucchiai di olio di arachidi
olio per friggere

Tagliare il pollo a cubetti di 5 cm/2. Aggiungere il vino o lo sherry e la salsa di soia, versare sul pollo e mescolare bene. Coprite e lasciate riposare per 1 ora, mescolando di tanto in tanto.

Tagliare la carta in 4 quadrati di 10 cm/4 e spennellare con olio. Scolare bene il pollo. Posiziona un pezzo di carta sulla superficie di lavoro con un angolo rivolto verso di te. Metti un pezzo di pollo nel quadrato appena sotto il centro, piegalo nell'angolo inferiore e piegalo ancora per racchiudere il pollo. Piega i lati, quindi piega l'angolo superiore per fissare il pacco. Scaldare l'olio e friggere i pezzi di pollo per circa 5 minuti, finché non saranno ben cotti. Servito caldo nella confezione affinché gli ospiti possano aprirlo.

pollo con arachidi

Serve 4

225 g/8 oz di pollo, tagliato a fettine sottili
1 albume d'uovo, leggermente sbattuto
10 ml / 2 cucchiaini di farina di mais (amido di mais)
45 ml/3 cucchiai di olio di arachidi
1 spicchio d'aglio, schiacciato
1 fetta di radice di zenzero tritata
2 porri tritati
30 ml/2 cucchiai di salsa di soia
15 ml/1 cucchiaio di vino di riso o sherry secco
100 g/4 once di arachidi tostate

Mescolare il pollo con gli albumi e la farina di mais fino a ricoprirlo bene. Scaldare metà dell'olio e friggere il pollo fino a doratura e toglierlo dalla padella. Scaldare l'olio rimanente e friggere l'aglio e lo zenzero fino a renderli morbidi. Aggiungere il porro e friggerlo finché non sarà leggermente dorato. Aggiungere la salsa di soia e il vino o lo sherry e cuocere per 3 minuti. Riporta il pollo nella padella con le arachidi e cuocilo lentamente finché non sarà completamente riscaldato.

Pollo al burro di arachidi

Serve 4

4 petti di pollo a cubetti
sale e pepe macinato fresco
5 ml/1 cucchiaino di polvere di cinque spezie
45 ml/3 cucchiai di olio di arachidi
1 cipolla, tagliata a dadini
2 carote a cubetti
1 foglia di sedano, tagliata a dadini
300 ml / ½ pt / 1 ¼ tazza di brodo di pollo
10 ml / 2 cucchiaini di passata di pomodoro (pasta)
100 g/4 once di burro di arachidi
15 ml/1 cucchiaio di salsa di soia

10 ml / 2 cucchiaini di farina di mais (amido di mais)

pizzico di zucchero di canna

15 ml/1 cucchiaio di erba cipollina tritata

Condire il pollo con sale, pepe e polvere di cinque spezie. Scaldare l'olio e friggere il pollo finché diventa tenero. Togliere dalla padella. Aggiungete le verdure e fate cuocere finché saranno tenere ma ancora croccanti. Mescolare il brodo con gli altri ingredienti, tranne l'erba cipollina, mantecare in padella e portare a bollore. Riporta il pollo nella padella e riscaldalo, mescolando. Servire cosparso di zucchero.

pollo con piselli

Serve 4

60 ml/4 cucchiai di olio di arachidi

1 cipolla tritata

450 g/1 kg di pollo a dadini

sale e pepe macinato fresco

100 g di piselli

2 gambi di sedano tritati

100 g/4 once di funghi tritati

250 ml / 8 fl oz / 1 tazza di brodo di pollo

15 ml / 1 cucchiaio di farina di mais (amido di mais)

15 ml/1 cucchiaio di salsa di soia

60 ml/4 cucchiai di acqua

Scaldare l'olio e friggere la cipolla fino a quando sarà leggermente dorata. Aggiungere il pollo e friggerlo fino a doratura. Salare e pepare e aggiungere i piselli, il sedano e i funghi e mescolare bene. Aggiungere il brodo, portare ad ebollizione, coprire e cuocere a fuoco lento per 15 minuti. Frullare la farina di mais, la salsa di soia e l'acqua fino a formare una pasta, aggiungere nella padella e cuocere, mescolando, finché la salsa non sarà chiara e si sarà addensata.

Pollo alla pechinese

Serve 4

4 porzioni di pollo
sale e pepe macinato fresco
5 ml/1 cucchiaino di zucchero
1 scalogno (erba cipollina), tritato
1 fetta di radice di zenzero tritata
15 ml/1 cucchiaio di salsa di soia
15 ml/1 cucchiaio di vino di riso o sherry secco
15 ml / 1 cucchiaio di farina di mais (amido di mais)
olio per friggere

Metti le porzioni di pollo in una ciotola poco profonda e cospargile di sale e pepe. Mescolare zucchero, erba cipollina, zenzero, salsa di soia e vino o sherry, strofinare sul pollo, coprire e marinare per 3 ore. Scolare il pollo e cospargerlo con farina di mais. Scaldare l'olio e friggere il pollo finché non sarà dorato e ben cotto. Scolare bene prima di servire.

Pollo al pepe

Serve 4

60 ml/4 cucchiai di salsa di soia
45 ml/3 cucchiai di vino di riso o sherry secco
45 ml / 3 cucchiai di farina di mais (amido di mais)
450 g/1 libbra di pollo tritato (macinato)
60 ml/4 cucchiai di olio di arachidi
2,5 ml/½ cucchiaino di sale
2 spicchi d'aglio, schiacciati
2 peperoni rossi tritati
1 peperone verde tritato
5 ml/1 cucchiaino di zucchero
300 ml / ½ pt / 1 ¼ tazza di brodo di pollo

Aggiungere metà della salsa di soia, metà del vino o dello sherry e metà della maizena, versare sul pollo, mescolare bene e lasciare marinare per almeno 1 ora. Scaldare metà dell'olio d'oliva con sale e aglio fino a quando l'aglio sarà leggermente dorato. Aggiungere il pollo e la marinata e far rosolare per circa 4 minuti fino a quando il pollo diventa bianco e togliere dalla padella. Aggiungere l'olio rimanente nella padella e friggere i peperoni per 2 minuti. Aggiungere lo zucchero nella padella con la salsa di soia rimanente, il vino o lo sherry e la farina di mais e mescolare bene. Aggiungere il brodo, portare a ebollizione e cuocere, mescolando, finché la salsa non si sarà addensata. Riporta il pollo nella padella, copri e cuoci per 4 minuti fino a quando il pollo sarà cotto.

Pollo fritto con pepe

Serve 4

1 petto di pollo, tagliato a fettine sottili
2 fette di radice di zenzero tritata
2 scalogni (erba cipollina), tritati
15 ml / 1 cucchiaio di farina di mais (amido di mais)
30 ml/2 cucchiai di vino di riso o sherry secco
30 ml/2 cucchiai di acqua
2,5 ml/½ cucchiaino di sale
45 ml/3 cucchiai di olio di arachidi
100 g / 4 oz castagne d'acqua, a fette
1 peperone rosso, tagliato a strisce
1 peperone verde, tagliato a strisce

1 peperone giallo, tagliato a listarelle
30 ml/2 cucchiai di salsa di soia
120 ml / 4 fl oz / ½ tazza di brodo di pollo

Metti il pollo in una ciotola. Mescolare zenzero, erba cipollina, farina di mais, vino o sherry, acqua e sale, aggiungere il pollo e lasciare in ammollo per 1 ora. Scaldare metà dell'olio e friggere il pollo fino a doratura, quindi toglierlo dalla padella. Scaldare il restante olio e friggere le castagne d'acqua e i peperoni per 2 minuti. Aggiungete la salsa di soia e il brodo, portate a ebollizione, coprite e fate cuocere per 5 minuti finché le verdure saranno tenere. Riporta il pollo nella padella, mescola bene e riscalda delicatamente prima di servire.

pollo e ananas

Serve 4

30 ml/2 cucchiai di olio di arachidi

5 ml/1 cucchiaino di sale

2 spicchi d'aglio, schiacciati

450 g/1 libbra di pollo disossato, tagliato a fette sottili

2 cipolle, affettate

100 g / 4 oz castagne d'acqua, a fette

Pezzi di ananas da 100 g / 4 once

30 ml/2 cucchiai di vino di riso o sherry secco

450 ml / ¾ pt / 2 tazze di brodo di pollo

5 ml/1 cucchiaino di zucchero

pepe appena macinato

30 ml/2 cucchiai di succo di ananas

30 ml/2 cucchiai di salsa di soia
30 ml / 2 cucchiai di farina di mais (amido di mais)

Scaldare l'olio d'oliva, il sale e l'aglio fino a quando l'aglio sarà leggermente dorato. Aggiungere il pollo e rosolare per 2 minuti. Aggiungere la cipolla, le castagne d'acqua e l'ananas e far rosolare per 2 minuti. Aggiungere vino o sherry, brodo e zucchero e condire con pepe. Portare a ebollizione, coprire e cuocere per 5 minuti. Aggiungete il succo d'ananas, la salsa di soia e la farina di mais, aggiungete nella padella e fate cuocere, mescolando, finché la salsa non si sarà addensata e schiarita.

Pollo con ananas e litchi

Serve 4

30 ml/2 cucchiai di olio di arachidi
225 g/8 oz di pollo, tagliato a fettine sottili
1 fetta di radice di zenzero tritata
15 ml/1 cucchiaio di salsa di soia
15 ml/1 cucchiaio di vino di riso o sherry secco
Barattolo da 200 g/7 once di pezzi di ananas
Lattina da 200g / 7oz di litchi sciroppati
15 ml / 1 cucchiaio di farina di mais (amido di mais)

Scaldare l'olio e friggere il pollo finché non sarà leggermente dorato. Aggiungere la salsa di soia e il vino o lo sherry e mescolare bene. Misurare 8 fl oz / 250 ml / 1 tazza di miscela di ananas e litchi e mettere da parte 30 ml / 2 cucchiai. Aggiungere il resto nella padella, portare ad ebollizione e cuocere per qualche minuto finché il pollo sarà tenero. Aggiungi pezzi di ananas e litchi. Mescolare la farina di mais con lo sciroppo messo da parte, versare nella padella e cuocere, mescolando, finché la salsa non sarà chiara e si sarà addensata.

pollo con carne di maiale

Serve 4

1 petto di pollo, tagliato a fettine sottili
100 g/4 once di carne di maiale magra, tagliata a fettine sottili
60 ml/4 cucchiai di salsa di soia
15 ml / 1 cucchiaio di farina di mais (amido di mais)
1 albume d'uovo
45 ml/3 cucchiai di olio di arachidi
3 fette di radice di zenzero tritata
50 g/2 once di germogli di bambù, affettati
225 g/8 once di funghi, affettati
225 g/8 once di foglie cinesi tritate
120 ml / 4 fl oz / ½ tazza di brodo di pollo

30 ml/2 cucchiai di acqua

Mescolare pollo e maiale. Unire la salsa di soia, 5 ml/1 cucchiaino di maizena e l'albume e unirli al pollo e al maiale. Lascia riposare per 30 minuti. Scaldare metà dell'olio e friggere il pollo e il maiale fino a doratura, quindi toglierli dalla padella. Scaldare l'olio rimanente e friggere lo zenzero, i germogli di bambù, i funghi e le foglie cinesi fino a quando saranno ben ricoperti d'olio. Aggiungere il brodo e portare ad ebollizione. Riportare il composto di pollo nella padella, coprire e cuocere per circa 3 minuti fino a quando la carne sarà tenera. Mescolare la farina di mais rimanente in una pasta con l'acqua, incorporarla alla salsa e cuocere, mescolando, finché la salsa non si sarà addensata. Servire immediatamente.

Pollo fritto con patate

Serve 4

4 pezzi di pollo
45 ml/3 cucchiai di olio di arachidi
1 cipolla, affettata
1 spicchio d'aglio, schiacciato
2 fette di radice di zenzero tritata
450 ml / ¾ pt / 2 tazze di acqua
45 ml/3 cucchiai di salsa di soia

15 ml/1 cucchiaio di zucchero di canna

2 patate a cubetti

Tagliare il pollo in pezzi di 5/2 cm. Scaldare l'olio e soffriggere la cipolla, l'aglio e lo zenzero fino a quando saranno leggermente dorati. Aggiungere il pollo e friggerlo finché non sarà leggermente dorato. Aggiungere l'acqua e la salsa di soia e portare ad ebollizione. Aggiungere lo zucchero, coprire e cuocere per circa 30 minuti. Aggiungere le patate nella padella, coprire e cuocere per altri 10 minuti, finché il pollo sarà tenero e le patate saranno cotte.

Pollo alle cinque spezie con patate

Serve 4

45 ml/3 cucchiai di olio di arachidi

450 g/1 libbra di pollo, tagliato a pezzi

sale

45 ml/3 cucchiai di pasta di fagioli gialli

45 ml/3 cucchiai di salsa di soia

5 ml/1 cucchiaino di zucchero

5 ml/1 cucchiaino di polvere di cinque spezie

1 patata a cubetti

450 ml / ¾ pt / 2 tazze di brodo di pollo

Scaldare l'olio e friggere il pollo finché non sarà leggermente dorato. Cospargere di sale, aggiungere la pasta di fagioli, la salsa di soia, lo zucchero e le cinque spezie in polvere e mescolare per 1 minuto. Aggiungere le patate e mescolare bene, quindi aggiungere il brodo, portare a ebollizione, coprire e cuocere per circa 30 minuti finché saranno tenere.

Pollo rosso bollito

Serve 4

450 g/1 libbra di pollo, affettato
120 ml / 4 fl oz / ½ tazza di salsa di soia
15 ml / 1 cucchiaio di zucchero
2 fette di radice di zenzero, tritate finemente
90 ml/6 cucchiai di brodo di pollo
30 ml/2 cucchiai di vino di riso o sherry secco
4 scalogni (scalogno), affettati

Mettete tutti gli ingredienti in una padella e portate ad ebollizione. Coprire e cuocere per circa 15 minuti fino a quando il pollo sarà cotto. Togliete il coperchio e continuate a cuocere a fuoco lento per circa 5 minuti, mescolando di tanto in tanto, finché la salsa non si sarà addensata. Servire cosparso di erba cipollina.

Polpette Di Pollo

Serve 4

225 g/8 once di carne di pollo, tritata (macinata)
3 castagne d'acqua tritate
1 scalogno (erba cipollina), tritato
1 fetta di radice di zenzero tritata
2 albumi
5 ml/2 cucchiaini di sale
5 ml/1 cucchiaino di pepe appena macinato
120 ml / 4 fl oz / ½ tazza di olio di arachidi
5 ml/1 cucchiaino di prosciutto tritato

Mescolare il pollo, le castagne, metà dello scalogno, lo zenzero, gli albumi, sale e pepe. Formate delle piccole palline e pressate bene. Scaldate l'olio e friggete le polpette fino a doratura, girandole una volta. Servire cosparso con l'erba cipollina rimanente e il prosciutto.

pollo salato

Serve 4

30 ml/2 cucchiai di olio di arachidi
4 pezzi di pollo
3 scalogni (erba cipollina), tritati
2 spicchi d'aglio, schiacciati
1 fetta di radice di zenzero tritata
120 ml / 4 fl oz / ½ tazza di salsa di soia
30 ml/2 cucchiai di vino di riso o sherry secco
30 ml/2 cucchiai di zucchero di canna
5 ml/1 cucchiaino di sale
375 ml / 13 fl oz / 1 tazza e ½ di acqua
15 ml / 1 cucchiaio di farina di mais (amido di mais)

Scaldare l'olio e friggere i pezzi di pollo fino a doratura. Aggiungere lo scalogno, l'aglio e lo zenzero e cuocere per 2 minuti. Aggiungere la salsa di soia, il vino o lo sherry, lo zucchero e il sale e mescolare bene. Aggiungere l'acqua e portare ad ebollizione, coprire e cuocere per 40 minuti. Mescolare la farina di mais con un po' d'acqua, incorporarla alla salsa e cuocere, mescolando, fino a quando la salsa si schiarisce e si addensa.

Pollo all'olio di sesamo

Serve 4

90 ml/6 cucchiai di olio di arachidi
60 ml/4 cucchiai di olio di sesamo
5 fette di radice di zenzero
4 pezzi di pollo
600 ml / 1 pt / 2½ tazze di vino di riso o sherry secco
5 ml/1 cucchiaino di zucchero
sale e pepe macinato fresco

Scaldare gli oli e friggere lo zenzero e il pollo finché non saranno leggermente dorati. Aggiungere vino o sherry e condire con zucchero, sale e pepe. Portare a ebollizione e cuocere lentamente, senza coperchio, finché il pollo sarà tenero e la salsa ridotta. Servire in ciotole.

pollo allo sherry

Serve 4

30 ml/2 cucchiai di olio di arachidi

4 pezzi di pollo

120 ml / 4 fl oz / ½ tazza di salsa di soia

500 ml / 17 fl oz / 2 ¼ tazze di vino di riso o sherry secco

30 ml / 2 cucchiai di zucchero

5 ml/1 cucchiaino di sale

2 spicchi d'aglio, schiacciati

1 fetta di radice di zenzero tritata

Scaldare l'olio e friggere il pollo finché non sarà dorato su tutti i lati. Eliminare l'olio in eccesso e aggiungere tutti gli ingredienti rimanenti. Portare a ebollizione, coprire e cuocere a fuoco vivace per 25 minuti. Abbassate la fiamma e fate cuocere per altri 15 minuti, finché il pollo sarà cotto e la salsa ridotta.

Pollo con salsa di soia

Serve 4

350 g di pollo a dadini
2 scalogni (erba cipollina), tritati
3 fette di radice di zenzero tritata
15 ml / 1 cucchiaio di farina di mais (amido di mais)
30 ml/2 cucchiai di vino di riso o sherry secco
30 ml/2 cucchiai di acqua
45 ml/3 cucchiai di olio di arachidi
60 ml/4 cucchiai di salsa di soia densa
5 ml/1 cucchiaino di zucchero

Aggiungere il pollo, l'erba cipollina, lo zenzero, la farina di mais, il vino o lo sherry e l'acqua e lasciare agire per 30 minuti, mescolando di tanto in tanto. Scaldare l'olio e friggere il pollo per circa 3 minuti finché non sarà leggermente dorato. Aggiungere la salsa di soia e lo zucchero e far rosolare per circa 1 minuto, fino a quando il pollo sarà cotto e tenero.

pollo fritto piccante

Serve 4

150 ml/¼ pt/½ tazza generosa di salsa di soia
2 spicchi d'aglio, schiacciati
50 g / 2 once / ¼ tazza di zucchero di canna
1 cipolla, tritata finemente
30 ml / 2 cucchiai di passata di pomodoro (pasta)
1 spicchio di limone, tritato
1 fetta di radice di zenzero tritata
45 ml/3 cucchiai di vino di riso o sherry secco
4 grandi pezzi di pollo

Mescolare tutti gli ingredienti tranne il pollo. Disporre il pollo in una pirofila, versare il composto, coprire e lasciare marinare per una notte, spennellando di tanto in tanto. Cuocere il pollo in forno preriscaldato a 180°C/350°F/gas mark 4 per 40 minuti, girando e arrostendo di tanto in tanto. Togliere il coperchio, aumentare la temperatura del forno a 200°C/400°F/gas mark 6 e continuare a cuocere per altri 15 minuti fino a quando il pollo sarà cotto.

pollo con spinaci

Serve 4

100 g/4 once di pollo, tritato
15 ml / 1 cucchiaio di grasso di prosciutto tritato
175 ml / 6 fl oz / ¾ tazza di brodo di pollo
3 albumi leggermente sbattuti
sale
5 ml/1 cucchiaino di acqua
450 g/1 libbra di spinaci tritati finemente
5 ml / 1 cucchiaio di farina di mais (amido di mais)
45 ml/3 cucchiai di olio di arachidi

Unisci il pollo, il grasso del prosciutto, 150 ml/¼ pt/1/2 tazza abbondante di brodo di pollo, l'albume, 5 ml/1 cucchiaino di sale e acqua. Mescolare gli spinaci con il restante brodo, un pizzico di sale e la farina di mais mescolata con un po' d'acqua. Scaldare metà dell'olio, aggiungere il composto di spinaci nella padella e mescolare continuamente a fuoco basso finché non sarà completamente riscaldato. Trasferire su un piatto caldo e tenere al caldo. Scaldare l'olio rimanente e friggere il composto di pollo a cucchiaiate fino a quando diventa sodo e bianco. Aggiungete gli spinaci e servite subito.

involtini primavera di pollo

Serve 4

15 ml/1 cucchiaio di olio di arachidi
pizzico di sale
1 spicchio d'aglio, schiacciato
225 g/8 oz di pollo, tagliato a strisce
100 g di funghi, affettati
175 g/6 once di cavolo tritato
100 g/4 once di germogli di bambù tritati
50 g/2 oz castagne d'acqua, tritate
100 g / 4 once di germogli di soia
5 ml/1 cucchiaino di zucchero
5 ml/1 cucchiaino di vino di riso o sherry secco
5 ml/1 cucchiaino di salsa di soia
8 gusci per involtini primavera
olio per friggere

Scaldate l'olio d'oliva, il sale e l'aglio e fateli rosolare dolcemente finché l'aglio non inizia a diventare dorato. Aggiungete il pollo e i funghi e fate rosolare per qualche minuto finché il pollo non diventa bianco. Aggiungere il cavolo, i germogli di bambù, le castagne d'acqua e i germogli di soia e soffriggere per 3 minuti. Aggiungere lo zucchero, il vino o lo sherry e la salsa di soia, mescolare bene, coprire e cuocere per 2 minuti. Trasferire in uno scolapasta e lasciarlo scolare.

Mettete qualche cucchiaio del composto di ripieno al centro di ogni guscio di involtino primavera, ripiegate il fondo, ripiegate ai lati e arrotolate racchiudendo il ripieno. Sigillare il bordo con un po' del composto di farina e acqua e lasciare asciugare per 30 minuti. Scaldare l'olio e friggere gli involtini primavera per circa 10 minuti, finché non saranno croccanti e dorati. Scolare bene prima di servire.

Arrosto di maiale piccante

Serve 4

450 g/1 libbra di maiale, a cubetti

sale e pepe

30 ml/2 cucchiai di salsa di soia

30 ml/2 cucchiai di salsa hoisin

45 ml/3 cucchiai di olio di arachidi

120 ml / 4 fl oz / ½ tazza di vino di riso o sherry secco

300 ml / ½ pt / 1 ¼ tazza di brodo di pollo

5 ml/1 cucchiaino di polvere di cinque spezie

6 scalogni (erba cipollina), tritati

225 g/8 oz di funghi ostrica, affettati

15 ml / 1 cucchiaio di farina di mais (amido di mais)

Condire la carne con sale e pepe. Disporre su un piatto e mescolare la salsa di soia e la salsa hoisin, coprire e marinare per 1 ora. Scaldare l'olio e friggere la carne fino a doratura. Aggiungere vino o sherry, brodo e 5 spezie in polvere, portare a ebollizione, coprire e cuocere a fuoco lento per 1 ora. Aggiungere lo scalogno e i funghi, togliere il coperchio e cuocere per altri 4 minuti. Mescolare la farina di mais con un po' d'acqua, rimettere sul fuoco e cuocere, mescolando, per 3 minuti, finché la salsa non si sarà addensata.

panini di maiale al vapore

12 anni fa

30 ml/2 cucchiai di salsa hoisin
15 ml/1 cucchiaio di salsa di ostriche
15 ml/1 cucchiaio di salsa di soia
2,5 ml/½ cucchiaino di olio di sesamo
30 ml/2 cucchiai di olio di arachidi
10 ml/2 cucchiaini di radice di zenzero grattugiata
1 spicchio d'aglio, schiacciato
300 ml / ½ pt / 1 ¼ tazze di acqua
15 ml / 1 cucchiaio di farina di mais (amido di mais)
225 g/8 oz di carne di maiale cotta, tritata finemente
4 erba cipollina (erba cipollina), tritata finemente
350 g / 12 once / 3 tazze di farina semplice (per tutti gli usi)
15 ml/1 cucchiaio di lievito in polvere
2,5 ml/½ cucchiaino di sale
50 g/2 once/½ tazza di strutto
5 ml/1 cucchiaino di aceto di vino
12 x 13 cm / 5 quadrati di carta da forno

Aggiungere l'hoisin, la salsa di ostriche e di soia e l'olio di sesamo, scaldare l'olio e friggere lo zenzero e l'aglio finché non saranno leggermente dorati. Aggiungere il composto di salsa e cuocere per 2 minuti. Mescolare 120 ml/4 fl oz/½ tazza di acqua con l'amido di mais e mescolare nella padella. Portare a ebollizione, mescolando e cuocere finché il composto non si addensa. Aggiungere il maiale e la cipolla e lasciare raffreddare.

Mescolare la farina, il lievito e il sale. Strofinare lo strutto finché il composto non assomiglia a briciole fini. Mescolare l'aceto di vino e l'acqua rimasta, quindi incorporare la farina fino a formare un impasto sodo. Impastare leggermente su una superficie infarinata, coprire e lasciare riposare per 20 minuti.

Lavorare nuovamente l'impasto, dividerlo in 12 e formare con ciascuna una pallina. Stendere a 15 cm/6 cerchi su una superficie infarinata. Disporre al centro di ogni cerchio delle cucchiaiate di ripieno, spennellare i bordi con acqua e pizzicare i bordi per sigillare il ripieno. Spennellare un lato di ciascun quadrato di carta da forno con olio. Posiziona ogni pagnotta su un quadrato di carta, con la cucitura rivolta verso il basso. Disporre i panini in un unico strato su una griglia a vapore sopra l'acqua bollente. Coprite i panini e cuoceteli a vapore per circa 20 minuti finché non saranno cotti.

maiale con cavolo

Serve 4

6 funghi cinesi secchi

30 ml/2 cucchiai di olio di arachidi

450 g/1 libbra di carne di maiale, tagliata a listarelle

2 cipolle, affettate

2 peperoni rossi, tagliati a strisce

350 g/12 oz di cavolo bianco tritato

2 spicchi d'aglio, tritati

2 pezzi di gambo di zenzero tritato

30 ml/2 cucchiai di miele

45 ml/3 cucchiai di salsa di soia

120 ml / 4 fl oz / ½ tazza di vino bianco secco

sale e pepe

10 ml / 2 cucchiaini di farina di mais (amido di mais)

15 ml/1 cucchiaio di acqua

Mettere a bagno i funghi in acqua calda per 30 minuti e scolarli. Eliminare i gambi e tagliare le estremità. Scaldare l'olio e friggere la carne di maiale fino a doratura leggermente. Aggiungere le verdure, l'aglio e lo zenzero e far rosolare per 1 minuto. Aggiungere il miele, la salsa di soia e il vino, portare a ebollizione, coprire e cuocere a fuoco lento per 40 minuti fino a quando la carne sarà cotta. Aggiustare di sale e pepe. Mescolare la farina di mais con l'acqua e mescolare nella padella. Portare a ebollizione, mescolando continuamente, e cuocere per 1 minuto.

Maiale con cavolo e pomodori

Serve 4

30 ml/2 cucchiai di olio di arachidi
450 g/1 libbra di carne di maiale magra, affettata
sale e pepe macinato fresco
1 spicchio d'aglio, schiacciato
1 cipolla, tritata finemente
½ cavolo tritato
450 g di pomodori pelati e tagliati in quarti
250 ml / 8 fl oz / 1 tazza di brodo
30 ml / 2 cucchiai di farina di mais (amido di mais)
15 ml/1 cucchiaio di salsa di soia
60 ml/4 cucchiai di acqua

Scaldare l'olio e friggere la carne di maiale, sale, pepe, aglio e cipolla fino a doratura. Aggiungere il cavolo, i pomodori e il brodo, portare a ebollizione, coprire e cuocere per 10 minuti finché il cavolo sarà tenero. Frullare la farina di mais, la salsa di soia e l'acqua fino a formare una pasta, aggiungere nella padella e cuocere, mescolando, finché la salsa non sarà chiara e si sarà addensata.

Maiale marinato con cavolo cappuccio

Serve 4

Pancetta di maiale da 350 g / 12 once

2 scalogni (erba cipollina), tritati

1 fetta di radice di zenzero tritata

1 bastoncino di cannella

3 spicchi di anice stellato

45 ml/3 cucchiai di zucchero di canna

600 ml/1 pt/2½ tazze di acqua

15 ml/1 cucchiaio di olio di arachidi

15 ml/1 cucchiaio di salsa di soia

5 ml/1 cucchiaino di passata di pomodoro (pasta)

5 ml/1 cucchiaino di salsa di ostriche

100 g / 4 oz Cuori di cavolo cinese

Pak choi da 100 g/4 once

Tagliare il maiale in pezzi di 10 cm/4 cm e metterli in una ciotola. Aggiungere l'erba cipollina, lo zenzero, la cannella, l'anice stellato, lo zucchero e l'acqua e lasciare agire per 40 minuti. Scaldare l'olio, togliere la carne di maiale dalla marinata e metterla nella padella. Friggere fino a leggera doratura e aggiungere salsa di soia, concentrato di pomodoro e salsa di ostriche. Portare a ebollizione e cuocere per circa 30 minuti fino a quando la carne di maiale sarà tenera e il liquido si sarà ridotto, aggiungendo un po' più di acqua se necessario durante la cottura.

Nel frattempo, cuocere i cuori di cavolo e il pak choi in acqua bollente per circa 10 minuti finché saranno teneri. Disporli su un piatto caldo, guarnire con la carne di maiale e irrorare con la salsa.

maiale con sedano

Serve 4

45 ml/3 cucchiai di olio di arachidi

1 spicchio d'aglio, schiacciato

1 scalogno (erba cipollina), tritato

1 fetta di radice di zenzero tritata

225 g/8 oz di carne di maiale magra, tagliata a listarelle

100 g di sedano, tagliato a fettine sottili

45 ml/3 cucchiai di salsa di soia

15 ml/1 cucchiaio di vino di riso o sherry secco

5 ml / 1 cucchiaio di farina di mais (amido di mais)

Scaldare l'olio e soffriggere l'aglio, l'erba cipollina e lo zenzero finché saranno leggermente dorati. Aggiungere la carne di maiale e cuocere per 10 minuti fino a doratura. Aggiungere il sedano e far rosolare per 3 minuti. Aggiungete gli altri ingredienti e fate rosolare per 3 minuti.

Maiale con castagne e funghi

Serve 4

4 funghi cinesi secchi
100 g / 4 oz / 1 tazza di castagne
30 ml/2 cucchiai di olio di arachidi
2,5 ml/½ cucchiaino di sale
450 g/1 libbra di carne di maiale magra, tagliata a cubetti
15 ml/1 cucchiaio di salsa di soia
375 ml / 13 fl oz / 1½ dl di brodo di pollo
100 g / 4 oz castagne d'acqua, a fette

Mettere a bagno i funghi in acqua calda per 30 minuti e scolarli. Eliminare i gambi e tagliare la parte superiore a metà. Scottare le castagne in acqua bollente per 1 minuto e scolarle. Scaldare l'olio e il sale e friggere la carne di maiale fino a doratura. Aggiungere la salsa di soia e far rosolare per 1 minuto. Aggiungere il brodo e portare ad ebollizione. Aggiungere le castagne e le castagne d'acqua, portare nuovamente a bollore, coprire e cuocere per ca. 1 1/2 ore, finché la carne sarà tenera.

la braciola di maiale

Serve 4

100 g/4 oz di germogli di bambù, tagliati a strisce

100 g di castagne d'acqua, tagliate a fettine sottili

60 ml/4 cucchiai di olio di arachidi

3 scalogni (erba cipollina), tritati

2 spicchi d'aglio, schiacciati

1 fetta di radice di zenzero tritata

225 g/8 oz di carne di maiale magra, tagliata a listarelle

45 ml/3 cucchiai di salsa di soia

15 ml/1 cucchiaio di vino di riso o sherry secco

5 ml/1 cucchiaino di sale

5 ml/1 cucchiaino di zucchero

pepe appena macinato

15 ml / 1 cucchiaio di farina di mais (amido di mais)

Sbollentare i germogli di bambù e le castagne d'acqua in acqua bollente per 2 minuti, quindi scolarli e asciugarli. Scaldare 45 ml/3 cucchiai di olio e friggere lo scalogno, l'aglio e lo zenzero finché non saranno leggermente dorati. Aggiungere la carne di maiale e rosolare per 4 minuti. Togliere dalla padella.

Scaldare l'olio rimanente e friggere le verdure per 3 minuti. Aggiungere il maiale, la salsa di soia, il vino o lo sherry, il sale, lo zucchero e un pizzico di pepe e far rosolare per 4 minuti. Mescolare la farina di mais con un po' d'acqua, versarla nella padella e cuocere, mescolando, fino a quando la salsa sarà chiara e si sarà addensata.

yakisoba di maiale

Serve 4

4 funghi cinesi secchi

30 ml/2 cucchiai di olio di arachidi

2,5 ml/½ cucchiaino di sale

4 scalogni (erba cipollina), tritati

225 g/8 oz di carne di maiale magra, tagliata a listarelle

15 ml/1 cucchiaio di salsa di soia

5 ml/1 cucchiaino di zucchero

3 gambi di sedano tritati

1 cipolla, tagliata a dadini

100 g di funghi, tagliati a metà

120 ml / 4 fl oz / ½ tazza di brodo di pollo

tagliatelle morbide fritte

Mettere a bagno i funghi in acqua calda per 30 minuti e scolarli. Eliminare i gambi e tagliare le estremità. Scaldare l'olio e il sale e friggere le cipolle fino a renderle morbide. Aggiungere la carne di maiale e cuocere fino a leggera doratura. Aggiungete la salsa di soia, lo zucchero, il sedano, la cipolla ed i funghi freschi e secchi e fate rosolare per circa 4 minuti finché gli ingredienti non saranno ben amalgamati. Aggiungere il brodo e cuocere per 3 minuti. Aggiungere metà della pasta nella padella e mescolare delicatamente, quindi aggiungere la pasta rimanente e mescolare fino a quando sarà ben cotta.

maiale arrosto

Serve 4

100 g / 4 once di germogli di soia
45 ml/3 cucchiai di olio di arachidi
100 g/4 once di cavolo cinese tritato
225 g/8 oz di arrosto di maiale, affettato
5 ml/1 cucchiaino di sale
15 ml/1 cucchiaio di vino di riso o sherry secco

Sbollentare i germogli di soia in acqua bollente per 4 minuti e scolarli. Scaldare l'olio e friggere i germogli di soia e il cavolo fino a renderli morbidi. Aggiungere la carne di maiale, il sale e lo sherry e cuocere fino a quando saranno ben cotti. Aggiungere metà della pasta scolata nella padella e mescolare delicatamente fino a quando sarà ben cotta. Aggiungere la pasta rimanente e mescolare fino a quando non sarà completamente riscaldata.

maiale con chutney

Serve 4

5 ml/1 cucchiaino di polvere di cinque spezie

5 ml/1 cucchiaino di curry in polvere

450 g/1 libbra di carne di maiale, tagliata a listarelle

30 ml/2 cucchiai di olio di arachidi

6 cipollotti (scalogno), tagliati a strisce

1 foglia di sedano, tagliata a listarelle

100 g / 4 once di germogli di soia

1 barattolo di sottaceti dolci cinesi da 200 g/7 once, tagliati a cubetti

45 ml/3 cucchiai di chutney di mango

30 ml/2 cucchiai di salsa di soia

30 ml / 2 cucchiai di passata di pomodoro (pasta)

150 ml/¼ pt/½ tazza generosa di brodo di pollo
10 ml / 2 cucchiaini di farina di mais (amido di mais)

Strofina bene i condimenti sul maiale. Scaldare l'olio e friggere la carne per 8 minuti o fino a quando sarà ben cotta. Togliere dalla padella. Aggiungere le verdure nella padella e farle rosolare per 5 minuti. Riporta la carne di maiale nella padella con tutti gli ingredienti rimanenti tranne la farina di mais. Mescolare fino al riscaldamento. Mescolare la farina di mais con un po' d'acqua, versarla nella padella e cuocere, mescolando, finché la salsa non si sarà addensata.

maiale con cetriolo

Serve 4

225 g/8 oz di carne di maiale magra, tagliata a listarelle
30 ml / 2 cucchiai di farina di frumento (per tutti gli usi)
sale e pepe macinato fresco
60 ml/4 cucchiai di olio di arachidi
225 g/8 once di cetriolo, sbucciato e affettato
30 ml/2 cucchiai di salsa di soia

Passare la carne di maiale nella farina e condire con sale e pepe. Scaldare l'olio e friggere la carne di maiale per circa 5 minuti, finché non sarà cotta. Aggiungere il cetriolo e la salsa di soia e far rosolare per altri 4 minuti. Controllare e aggiustare il condimento e servire con riso fritto.

Involtini Di Maiale Croccanti

Serve 4

4 funghi cinesi secchi
30 ml/2 cucchiai di olio di arachidi
225 g/8 oz lombo di maiale, tritato (macinato)
50 g/2 once di gamberi sgusciati, tritati
15 ml/1 cucchiaio di salsa di soia
15 ml / 1 cucchiaio di farina di mais (amido di mais)
30 ml/2 cucchiai di acqua
8 confezioni di involtini primavera

100 g / 4 once / 1 tazza di farina di mais (amido di mais)
olio per friggere

Mettere a bagno i funghi in acqua calda per 30 minuti e scolarli. Eliminare i gambi e tritare finemente le cime. Scaldare l'olio e friggere i funghi, il maiale, i gamberi e la salsa di soia per 2 minuti. Mescolare la farina di mais con l'acqua fino a formare una pasta e mescolare il composto per realizzare il ripieno.

Tagliare le piadine a listarelle, mettere un po' di ripieno sulla punta di ognuna e arrotolarle in triangoli, sigillare con un po' del composto di farina e acqua. Cospargere generosamente con farina di mais. Scaldate l'olio e friggete i triangoli finché non saranno croccanti e dorati. Scolare bene prima di servire.

involtini di maiale con uovo

Serve 4

225 g/8 once di carne di maiale magra, tritata
1 fetta di radice di zenzero tritata
1 erba cipollina tritata
15 ml/1 cucchiaio di salsa di soia
15 ml/1 cucchiaio di acqua
12 gusci di involtini di uova
1 uovo sbattuto

olio per friggere

Mescolare carne di maiale, zenzero, cipolla, salsa di soia e acqua. Mettete un po' di ripieno al centro di ogni pelle e spennellate i bordi con l'uovo sbattuto. Ripiegare i lati e arrotolare il rotolo lontano da sé, sigillando i bordi con l'uovo. Cuocere a vapore su una griglia in una vaporiera per 30 minuti fino a quando la carne di maiale sarà cotta. Scaldare l'olio e friggere per qualche minuto fino a quando saranno croccanti e dorate.

Involtini di uova con carne di maiale e gamberi

Serve 4

30 ml/2 cucchiai di olio di arachidi
225 g/8 once di carne di maiale magra, tritata
6 scalogni (erba cipollina), tritati
225 g / 8 once di germogli di soia
100 g/4 oz gamberetti sgusciati, tritati
15 ml/1 cucchiaio di salsa di soia
2,5 ml/½ cucchiaino di sale

12 gusci di involtini di uova
1 uovo sbattuto
olio per friggere

Scaldare l'olio e friggere il maiale e i cipollotti fino a quando saranno leggermente dorati. Nel frattempo sbollentare i germogli di soia in acqua bollente per 2 minuti e scolarli. Aggiungere i germogli di soia nella padella e friggere per 1 minuto. Aggiungete i gamberi, la salsa di soia, il sale e fate rosolare per 2 minuti. Lasciate raffreddare.

Mettete un po' di ripieno al centro di ogni pelle e spennellate i bordi con l'uovo sbattuto. Ripiegare i lati e arrotolare i rotoli, sigillando i bordi con l'uovo. Scaldare l'olio e friggere gli involtini finché non saranno croccanti e dorati.

Maiale in umido con uovo

Serve 4

450 g/1 libbra di carne di maiale magra
30 ml/2 cucchiai di olio di arachidi
1 cipolla tritata
90 ml/6 cucchiai di salsa di soia
45 ml/3 cucchiai di vino di riso o sherry secco
15 ml/1 cucchiaio di zucchero di canna

3 uova sode (sode)

Fate bollire una pentola con acqua, aggiungete la carne di maiale, mettetela sul fuoco e fatela cuocere finché non si chiude. Togliere dalla padella, scolare bene e tagliare a cubetti. Scaldare l'olio e friggere la cipolla finché non sarà appassita. Aggiungere la carne di maiale e cuocere fino a leggera doratura. Aggiungere la salsa di soia, il vino o lo sherry e lo zucchero, coprire e cuocere per 30 minuti, mescolando di tanto in tanto. Incidete delle piccole fessure sulla parte esterna delle uova e aggiungetele nella padella, coprite e fate cuocere per altri 30 minuti.

maiale di fuoco

Serve 4

450 g di lombo di maiale, tagliato a listarelle
30 ml/2 cucchiai di salsa di soia
30 ml/2 cucchiai di salsa hoisin
5 ml/1 cucchiaino di polvere di cinque spezie
15 ml/1 cucchiaio di pepe

15 ml/1 cucchiaio di zucchero di canna
15 ml / 1 cucchiaio di olio di sesamo
30 ml/2 cucchiai di olio di arachidi
6 scalogni (erba cipollina), tritati
1 peperone verde, tagliato a pezzi
200 g / 7 once di germogli di soia
2 fette di ananas a dadini
45 ml/3 cucchiai di ketchup di pomodoro (catsup)
150 ml/¼ pt/½ tazza generosa di brodo di pollo

Metti la carne in una ciotola. Mescolare la salsa di soia, la salsa hoisin, la salsa alle cinque spezie, il pepe e lo zucchero, versare sulla carne e lasciar marinare per 1 ora. Scaldare gli oli e friggere la carne fino a doratura. Togliere dalla padella. Aggiungere le verdure e friggere per 2 minuti. Aggiungere l'ananas, il ketchup e il brodo e portare a ebollizione. Riporta la carne nella padella e scaldala prima di servire.

Filetto di maiale fritto

Serve 4

350 g/12 oz lombo di maiale, a cubetti

15 ml/1 cucchiaio di vino di riso o sherry secco
15 ml/1 cucchiaio di salsa di soia
5 ml/1 cucchiaino di olio di sesamo
30 ml / 2 cucchiai di farina di mais (amido di mais)
olio per friggere

Mescolare il maiale, il vino o lo sherry, la salsa di soia, l'olio di sesamo e la farina di mais in modo che il maiale sia ricoperto da una pastella densa. Scaldare l'olio e friggere la carne di maiale per circa 3 minuti finché diventa croccante. Togliere la carne di maiale dalla padella, scaldare nuovamente l'olio e friggere nuovamente per circa 3 minuti.

Maiale alle cinque spezie

Serve 4

225 g / 8 once di carne di maiale magra
5 ml / 1 cucchiaio di farina di mais (amido di mais)
2,5 ml/½ cucchiaino di polvere di cinque spezie
2,5 ml/½ cucchiaino di sale
15 ml/1 cucchiaio di vino di riso o sherry secco
20 ml/2 cucchiai di olio di arachidi

120 ml / 4 fl oz / ½ tazza di brodo di pollo

Affettare sottilmente il maiale contro la venatura. Mescolare il maiale con farina di mais, polvere di cinque spezie, sale e vino o sherry e mescolare bene per ricoprire il maiale. Lasciare riposare per 30 minuti, mescolando di tanto in tanto. Scaldare l'olio, aggiungere la carne di maiale e friggere per circa 3 minuti. Aggiungere il brodo, portare ad ebollizione, coprire e cuocere per 3 minuti. Servire immediatamente.

Arrosto di maiale profumato

Serve 6-8

1 pezzo di buccia di mandarino
45 ml/3 cucchiai di olio di arachidi
900 g / 2 libbre di carne di maiale magra, tagliata a cubetti
250 ml / 8 fl oz / 1 tazza di vino di riso o sherry secco
120 ml / 4 fl oz / ½ tazza di salsa di soia
2,5 ml/½ cucchiaino di anice in polvere

½ stecca di cannella

4 chiodi di garofano

5 ml/1 cucchiaino di sale

250 ml / 8 fl oz / 1 tazza di acqua

2 scalogni (scalogno), affettati

1 fetta di radice di zenzero tritata

Immergere la buccia di mandarino nell'acqua durante la preparazione del piatto. Scaldare l'olio e friggere la carne di maiale fino a doratura leggermente. Aggiungere vino o sherry, salsa di soia, anice in polvere, cannella, chiodi di garofano, sale e acqua. Portare a ebollizione, aggiungere la buccia di mandarino, l'erba cipollina e lo zenzero. Coprire e cuocere per circa 1 ora e mezza finché saranno teneri, mescolando di tanto in tanto e aggiungendo un po' più di acqua bollente se necessario. Rimuovere i condimenti prima di servire.

Maiale con aglio tritato

Serve 4

Pancetta di maiale, pelle, 450 g/1 libbra

3 fette di radice di zenzero

2 scalogni (erba cipollina), tritati

30 ml/2 cucchiai di aglio tritato

30 ml/2 cucchiai di salsa di soia

5 ml/1 cucchiaino di sale
15 ml/1 cucchiaio di brodo di pollo
2,5 ml/½ cucchiaino di olio al peperoncino
4 rametti di coriandolo

Mettere la carne di maiale in una padella con lo zenzero e l'erba cipollina, coprire con acqua, portare a ebollizione e cuocere per 30 minuti fino a cottura. Scolateli e scolateli bene, quindi tagliateli a pezzetti di ca. 5 cm/2 quadrati. Disporre le fette in un colino di metallo. Portare a ebollizione una pentola d'acqua, aggiungere le fette di maiale e cuocere per 3 minuti fino a quando saranno ben cotte. Disporre su un piatto riscaldato. Mescolare l'aglio, la salsa di soia, il sale, il brodo e l'olio al peperoncino e versare sul maiale. Servire guarnito con coriandolo.

Arrosto di maiale allo zenzero

Serve 4

225 g / 8 once di carne di maiale magra
5 ml / 1 cucchiaio di farina di mais (amido di mais)
30 ml/2 cucchiai di salsa di soia
30 ml/2 cucchiai di olio di arachidi

1 fetta di radice di zenzero tritata

1 scalogno, affettato

45 ml/3 cucchiai di acqua

5 ml/1 cucchiaino di zucchero di canna

Affettare sottilmente il maiale contro la venatura. Aggiungete la farina di mais, cospargete con la salsa di soia e mescolate ancora. Scaldare l'olio e friggere la carne di maiale per 2 minuti fino a doratura. Aggiungere lo zenzero e lo scalogno e far rosolare per 1 minuto. Aggiungere l'acqua e lo zucchero, coprire e cuocere per ca. 5 minuti fino a cottura.

Maiale con fagiolini

Serve 4

450 g / 1 lb di fagiolini, tagliati a pezzi

30 ml/2 cucchiai di olio di arachidi

2,5 ml/½ cucchiaino di sale

1 fetta di radice di zenzero tritata

225 g/8 once di carne di maiale magra, macinata (macinata)

120 ml / 4 fl oz / ½ tazza di brodo di pollo

75 ml/5 cucchiai di acqua

2 uova

15 ml / 1 cucchiaio di farina di mais (amido di mais)

Cuocere i fagioli per circa 2 minuti e scolarli. Scaldate l'olio e fate soffriggere il sale e lo zenzero per qualche secondo. Aggiungere la carne di maiale e cuocere fino a leggera doratura. Aggiungere i fagioli e farli rosolare per 30 secondi, irrorare con olio d'oliva. Aggiungere il brodo, portare ad ebollizione, coprire e cuocere per 2 minuti. Sbattere 30 ml/2 cucchiai di acqua con le uova e incorporarle nella padella. Mescolare l'acqua rimanente con la farina di mais. Quando le uova iniziano a indurirsi, aggiungere la farina di mais e cuocere finché non si addensa. Servire immediatamente.

Maiale con prosciutto e tofu

Serve 4

4 funghi cinesi secchi

5 ml/1 cucchiaino di olio di arachidi

100 g / 4 oz prosciutto affumicato, affettato
225 g/8 once di tofu, tagliato a fette
225 g/8 oz di carne di maiale magra, affettata
15 ml/1 cucchiaio di vino di riso o sherry secco
sale e pepe macinato fresco
1 fetta di radice di zenzero tritata
1 scalogno (erba cipollina), tritato
10 ml / 2 cucchiaini di farina di mais (amido di mais)
30 ml/2 cucchiai di acqua

Mettere a bagno i funghi in acqua calda per 30 minuti e scolarli. Eliminare i gambi e tagliare la parte superiore a metà. Strofina una ciotola resistente al calore con olio di arachidi. Disporre i funghi, il prosciutto, il tofu e il maiale a strati sul piatto con il maiale sopra. Spruzzare con vino o sherry, sale e pepe, zenzero ed erba cipollina. Coprire e cuocere su una griglia sopra acqua bollente per circa 45 minuti fino a cottura ultimata. Scolare la salsa dalla ciotola senza toccare gli ingredienti. Aggiungere abbastanza acqua per ottenere 250 ml / 8 fl oz / 1 tazza. Mescolare la farina di mais con l'acqua e unirla alla salsa. Mettetela in una ciotola e fate cuocere, mescolando, fino a quando la salsa sarà chiara e densa. Versare il composto di maiale su un piatto caldo, versarvi sopra la salsa e servire.

kebab di maiale fritto

Serve 4

Lombo di maiale da 450 g/1 libbra, tagliato a fettine sottili
100 g di prosciutto cotto tagliato a fettine sottili

6 castagne d'acqua, affettate sottili

30 ml/2 cucchiai di salsa di soia

30 ml/2 cucchiai di aceto di vino

15 ml/1 cucchiaio di zucchero di canna

15 ml/1 cucchiaio di salsa di ostriche

qualche goccia di olio al peperoncino

45 ml / 3 cucchiai di farina di mais (amido di mais)

30 ml/2 cucchiai di vino di riso o sherry secco

2 uova, sbattute

olio per friggere

Infilare alternativamente il maiale, il prosciutto e le castagne d'acqua su piccoli spiedini. Mescolare salsa di soia, aceto di vino, zucchero, salsa di ostriche e olio al peperoncino. Versare sugli spiedini, coprire e lasciare marinare in frigorifero per 3 ore. Sbattere la farina di mais, il vino o lo sherry e l'uovo fino a ottenere un composto liscio e denso. Arrotolare gli spiedini nell'impasto per ricoprirli. Scaldare l'olio e friggere gli spiedini fino a doratura.

Stinco di maiale fritto in salsa rossa

Serve 4

1 grande stinco di maiale

1 l / 1½ punti / 4¼ tazze di acqua bollente

5 ml/1 cucchiaino di sale

120 ml / 4 fl oz / ½ tazza di aceto di vino

120 ml / 4 fl oz / ½ tazza di salsa di soia

45 ml/3 cucchiai di miele

5 ml/1 cucchiaino di bacche di ginepro

5 ml/1 cucchiaino di anice

5 ml/1 cucchiaino di coriandolo

60 ml/4 cucchiai di olio di arachidi

6 scalogni (scalogno), affettati

2 carote, affettate sottilmente

1 foglia di sedano, affettata

45 ml/3 cucchiai di salsa hoisin

30 ml/2 cucchiai di chutney di mango

75 ml/5 cucchiai di passata di pomodoro (pasta)

1 spicchio d'aglio, schiacciato

60 ml / 4 cucchiai di erba cipollina tritata

Lessare lo stinco di maiale con acqua, sale, aceto di vino, 45 ml/3 cucchiai di salsa di soia, miele e spezie. Aggiungere le verdure, portare a ebollizione, coprire e cuocere per circa 1 ora e mezza finché la carne sarà tenera. Togliere la carne e le verdure dalla padella, tagliare la carne dall'osso e tritarla. Scaldare l'olio e friggere la carne fino a doratura. Aggiungere le verdure e farle rosolare per 5 minuti. Aggiungi la salsa di soia rimanente, la salsa hoisin, il chutney, il concentrato di pomodoro e l'aglio. Portare a ebollizione, mescolando e cuocere per 3 minuti. Servire cosparso di erba cipollina.

carne di maiale marinata

Serve 4

450 g/1 libbra di carne di maiale magra
1 fetta di radice di zenzero tritata
1 spicchio d'aglio, schiacciato
90 ml/6 cucchiai di salsa di soia
15 ml/1 cucchiaio di vino di riso o sherry secco
45 ml/3 cucchiai di olio di arachidi
1 scalogno, affettato
15 ml/1 cucchiaio di zucchero di canna
pepe appena macinato

Mescolare il maiale con zenzero, aglio, 30 ml/2 cucchiai di salsa di soia e vino o sherry. Lasciare riposare per 30 minuti, mescolando di tanto in tanto, quindi togliere la carne dalla marinata. Scaldare l'olio e friggere la carne di maiale fino a doratura leggermente. Aggiungere l'erba cipollina, lo zucchero, la restante salsa di soia e un pizzico di pepe, coprire e cuocere per ca. 45 minuti, fino a quando il maiale sarà cotto. Tagliare il maiale a cubetti e servire.

Braciole Di Maiale Marinate

Serve 6

6 braciole di maiale
1 fetta di radice di zenzero tritata
1 spicchio d'aglio, schiacciato
90 ml/6 cucchiai di salsa di soia
30 ml/2 cucchiai di vino di riso o sherry secco
45 ml/3 cucchiai di olio di arachidi
2 scalogni (erba cipollina), tritati
15 ml/1 cucchiaio di zucchero di canna
pepe appena macinato

Tagliare le costolette di maiale dall'osso e tritare la carne. Unisci lo zenzero, l'aglio, 30 ml/2 cucchiai di salsa di soia e vino o sherry, versa sopra il maiale e lascia marinare per 30 minuti, mescolando di tanto in tanto. Togliere la carne dalla marinata. Scaldare l'olio e friggere la carne di maiale fino a doratura leggermente. Aggiungere l'erba cipollina e far rosolare per 1 minuto. Mescolare la restante salsa di soia con lo zucchero e un pizzico di pepe. Mescolare con la salsa, portare a ebollizione, coprire e cuocere a fuoco lento per circa 30 minuti finché la carne di maiale sarà tenera.

maiale con funghi

Serve 4

25 g/1 oncia di funghi cinesi secchi
30 ml/2 cucchiai di olio di arachidi
1 spicchio d'aglio, tritato
225 g/8 oz di carne di maiale magra, affettata
4 scalogni (erba cipollina), tritati
15 ml/1 cucchiaio di salsa di soia
15 ml/1 cucchiaio di vino di riso o sherry secco
5 ml/1 cucchiaino di olio di sesamo

Mettere a bagno i funghi in acqua calda per 30 minuti e scolarli. Eliminare i gambi e tagliare le estremità. Scaldare l'olio e friggere l'aglio fino a quando sarà leggermente dorato. Aggiungere il maiale e friggerlo fino a doratura. Aggiungere gli scalogni, i funghi, la salsa di soia e il vino o lo sherry e far rosolare per 3 minuti. Unire l'olio di sesamo e servire immediatamente.

polpette al vapore

Serve 4

450 g/1 libbra di carne di maiale macinata (macinata)
4 castagne d'acqua, tritate finemente
225 g/8 once di funghi, tritati finemente
5 ml/1 cucchiaino di salsa di soia
sale e pepe macinato fresco
1 uovo, leggermente sbattuto

Amalgamare bene tutti gli ingredienti e formare con il composto una focaccia in una pirofila. Posizionare il piatto su una gratella in una vaporiera, coprire e cuocere per 1 ora e 1/2.

Maiale rosso con funghi

Serve 4

450 g/1 libbra di carne di maiale magra, tagliata a cubetti
250 ml / 8 fl oz / 1 tazza di acqua
15 ml/1 cucchiaio di salsa di soia
15 ml/1 cucchiaio di vino di riso o sherry secco
5 ml/1 cucchiaino di zucchero
5 ml/1 cucchiaino di sale
225 g di funghi

Metti la carne di maiale e l'acqua in una padella e porta l'acqua a ebollizione. Coprire e cuocere per 30 minuti, quindi scolare conservando il brodo. Riporta il maiale nella padella e aggiungi la salsa di soia. Cuocere a fuoco basso, mescolando, finché la salsa di soia non sarà assorbita. Aggiungere il vino o lo sherry, lo zucchero e il sale, bagnare con il brodo messo da parte, portare a ebollizione, coprire e cuocere per circa 30 minuti, girando di tanto in tanto la carne. Aggiungere i funghi e cuocere per altri 20 minuti.

frittella di maiale con tagliatelle

Serve 4

30 ml/2 cucchiai di olio di arachidi

5 ml/2 cucchiaini di sale

225 g/8 oz di carne di maiale magra, tagliata a listarelle

225 g/8 oz di cavolo cinese tritato

100 g/4 once di germogli di bambù tritati

100 g di funghi, tagliati a fettine sottili

150 ml/¼ pt/½ tazza generosa di brodo di pollo

10 ml / 2 cucchiaini di farina di mais (amido di mais)

15 ml/1 cucchiaio di vino di riso o sherry secco

15 ml/1 cucchiaio di acqua

frittella di maccheroni

Scaldare l'olio e friggere il sale e la carne di maiale fino a doratura leggera. Aggiungere il cavolo, i germogli di bambù e i funghi e soffriggere per 1 minuto. Aggiungere il brodo, portare a ebollizione, coprire e cuocere per 4 minuti fino a quando la carne di maiale sarà cotta. Sbattere la farina di mais in una pasta con il vino o lo sherry e l'acqua, mescolare nella padella e cuocere, mescolando, finché la salsa non sarà chiara e addensata. Versare sopra la frittella di maccheroni per servire.

Maiale e gamberi con frittella di noodle

Serve 4

30 ml/2 cucchiai di olio di arachidi

5 ml/1 cucchiaino di sale

4 scalogni (erba cipollina), tritati

1 spicchio d'aglio, schiacciato

225 g/8 oz di carne di maiale magra, tagliata a listarelle

100 g di funghi, affettati

4 gambi di sedano, affettati

225 g di gamberi sgusciati

30 ml/2 cucchiai di salsa di soia

10 ml / 1 cucchiaino di farina di mais (amido di mais)

45 ml/3 cucchiai di acqua

frittella di maccheroni

Scaldate l'olio e il sale e fate soffriggere la cipolla e l'aglio fino a doratura. Aggiungere la carne di maiale e cuocere fino a leggera doratura. Aggiungete i funghi ed il sedano e fate rosolare per 2 minuti. Aggiungere i gamberi, cospargere con salsa di soia e mescolare finché non saranno ben cotti. Frullare la farina di mais e l'acqua fino a formare una pasta, aggiungere nella padella e cuocere, mescolando, fino a quando sarà molto calda. Versare sopra la frittella di maccheroni per servire.

Maiale con salsa di ostriche

Serve 4-6

450 g/1 libbra di carne di maiale magra
15 ml / 1 cucchiaio di farina di mais (amido di mais)
10 ml / 2 cucchiaini di vino di riso o sherry secco
Un pizzico di zucchero
45 ml/3 cucchiai di olio di arachidi
10 ml/2 cucchiaini di acqua
30 ml / 2 cucchiai di salsa di ostriche
pepe appena macinato
1 fetta di radice di zenzero tritata
60 ml/4 cucchiai di brodo di pollo

Affettare sottilmente il maiale contro la venatura. Mescolare 5 ml/1 cucchiaino di farina di mais con il vino o lo sherry, lo zucchero e 5 ml/1 cucchiaino di olio, aggiungere la carne di maiale e mescolare bene. Mescolare la farina di mais rimanente con l'acqua, la salsa di ostriche e un pizzico di pepe. Scaldare l'olio rimanente e friggere lo zenzero per 1 minuto. Aggiungere la carne di maiale e cuocere fino a leggera doratura. Aggiungere il brodo e il composto di acqua e salsa di ostriche, portare a ebollizione, coprire e cuocere per 3 minuti.

maiale con arachidi

Serve 4

450 g/1 libbra di carne di maiale magra, tagliata a cubetti

15 ml / 1 cucchiaio di farina di mais (amido di mais)

5 ml/1 cucchiaino di sale

1 albume d'uovo

3 scalogni (erba cipollina), tritati

1 spicchio d'aglio, tritato

1 fetta di radice di zenzero tritata

45 ml/3 cucchiai di brodo di pollo

15 ml/1 cucchiaio di vino di riso o sherry secco

15 ml/1 cucchiaio di salsa di soia

10 ml / 2 cucchiaini di melassa nera

45 ml/3 cucchiai di olio di arachidi

½ cetriolo a dadini

25 g / 1 oz / ¼ tazza di arachidi sgusciate

5 ml/1 cucchiaino di olio al peperoncino

Mescolare il maiale con metà della farina di mais, sale e albume e mescolare bene per ricoprire il maiale. Mescolare la farina di mais rimanente con gli scalogni, l'aglio, lo zenzero, il brodo, il vino o lo sherry, la salsa di soia e la melassa. Scaldare l'olio e friggere la carne di maiale fino a doratura, quindi toglierla dalla padella. Mettete il cetriolo nella padella e fatelo rosolare per qualche minuto. Riporta il maiale nella padella e mescola leggermente. Aggiungere il composto di spezie, portare a ebollizione e cuocere, mescolando, finché la salsa non sarà chiara e addensata. Mescolare l'olio di arachidi e peperoncino e scaldare prima di servire.

maiale al pepe

Serve 4

45 ml/3 cucchiai di olio di arachidi
225 g/8 once di carne di maiale magra, tagliata a cubetti
1 cipolla, tagliata a dadini
2 peperoni verdi, tritati
½ testa di foglie cinesi tagliate a cubetti
1 fetta di radice di zenzero tritata
15 ml/1 cucchiaio di salsa di soia
15 ml / 1 cucchiaio di zucchero
2,5 ml/½ cucchiaino di sale

Scaldare l'olio e friggere la carne di maiale per circa 4 minuti fino a doratura. Aggiungere la cipolla e far rosolare per circa 1 minuto. Aggiungere i peperoni e farli rosolare per 1 minuto. Aggiungere le foglie cinesi e friggere per 1 minuto. Mescolare gli ingredienti rimanenti, mescolare nella padella e friggere per altri 2 minuti.

Maiale piccante con sottaceti

Serve 4

Braciole di maiale da 900 g / 2 libbre
30 ml / 2 cucchiai di farina di mais (amido di mais)
45 ml/3 cucchiai di salsa di soia
30 ml / 2 cucchiai di sherry dolce
5 ml/1 cucchiaino di radice di zenzero grattugiata
2,5 ml/½ cucchiaino di polvere di cinque spezie
pizzico di pepe appena macinato
olio per friggere
60 ml/4 cucchiai di brodo di pollo
Verdure cinesi in salamoia

Mondate le costolette, eliminando tutto il grasso e le lische. Mescolare la farina di mais, 30 ml/2 cucchiai di salsa di soia, lo sherry, lo zenzero, le cinque spezie in polvere e il pepe. Versare sulla carne di maiale e mescolare per ricoprirla completamente. Coprire e marinare per 2 ore, girando di tanto in tanto. Scaldare l'olio e friggere la carne di maiale finché non sarà dorata e cotta. Scolare su carta da cucina. Tagliare il maiale a fette spesse, trasferirlo su un piatto caldo e tenerlo al caldo. Metti il brodo e la salsa di soia rimasta in un pentolino. Portare a ebollizione e versarvi sopra le fette di maiale. Servire guarnito con sottaceti misti.

Maiale con salsa di prugne

Serve 4

Arrosto di maiale a cubetti da 450 g/1 libbra
2 spicchi d'aglio, schiacciati
sale
60 ml/4 cucchiai di ketchup di pomodoro (catsup)
30 ml/2 cucchiai di salsa di soia
45 ml/3 cucchiai di salsa di prugne
5 ml/1 cucchiaino di curry in polvere
5 ml/1 cucchiaino di paprika
2,5 ml/½ cucchiaino di pepe appena macinato
45 ml/3 cucchiai di olio di arachidi
6 cipollotti (scalogno), tagliati a strisce
4 carote, tagliate a listarelle

Marinare la carne con aglio, sale, ketchup, salsa di soia, salsa di prugne, curry in polvere, paprika e pepe per 30 minuti. Scaldare l'olio e friggere la carne fino a doratura leggera. Togliere dal wok. Aggiungere le verdure all'olio e friggerle fino a renderle morbide. Riporta la carne nella padella e scaldala leggermente prima di servire.

maiale con gamberi

Serve 6-8

900 g/2 libbre di carne di maiale magra
30 ml/2 cucchiai di olio di arachidi
1 cipolla, affettata
1 scalogno (erba cipollina), tritato
2 spicchi d'aglio, schiacciati
30 ml/2 cucchiai di salsa di soia
50 g/2 once di gamberi sgusciati, tritati
(pavimento)
600 ml / 1 pt / 2½ tazze di acqua bollente
15 ml / 1 cucchiaio di zucchero

Far bollire una pentola d'acqua, aggiungere la carne di maiale, coprire e cuocere per 10 minuti. Togliere dalla padella, scolare bene e tagliare a cubetti. Scaldare l'olio e soffriggere la cipolla, l'erba cipollina e l'aglio finché saranno leggermente dorati. Aggiungere la carne di maiale e cuocere fino a leggera doratura. Aggiungere la salsa di soia e i gamberi e friggere per 1 minuto. Aggiungere l'acqua bollente e lo zucchero, coprire e cuocere per ca. 40 minuti fino a quando il maiale sarà tenero.

maiale rosso

Serve 4

675 g / 1½ lb di carne di maiale magra, a cubetti

250 ml / 8 fl oz / 1 tazza di acqua

1 fetta di radice di zenzero, schiacciata

60 ml/4 cucchiai di salsa di soia

15 ml/1 cucchiaio di vino di riso o sherry secco

5 ml/1 cucchiaino di sale

10 ml / 2 cucchiaini di zucchero di canna

Metti la carne di maiale e l'acqua in una padella e porta l'acqua a ebollizione. Aggiungere lo zenzero, la salsa di soia, lo sherry e il sale, coprire e cuocere a fuoco lento per 45 minuti. Aggiungete lo zucchero, girate la carne, coprite e fate cuocere per altri 45 minuti finché la carne sarà tenera.

Maiale in salsa rossa

Serve 4

30 ml/2 cucchiai di olio di arachidi

225 g di rognoni di maiale, tagliati a listarelle

450 g/1 libbra di carne di maiale, tagliata a listarelle

1 cipolla, affettata

4 cipolline (scalogno), tagliate a strisce

2 carote, tagliate a listarelle

1 foglia di sedano, tagliata a listarelle

1 peperone rosso, tagliato a strisce

45 ml/3 cucchiai di salsa di soia

45 ml/3 cucchiai di vino bianco secco

300 ml / ½ pt / 1 ¼ tazza di brodo di pollo

30 ml/2 cucchiai di salsa di prugne

30 ml/2 cucchiai di aceto di vino

5 ml/1 cucchiaino di polvere di cinque spezie

5 ml/1 cucchiaino di zucchero di canna

15 ml / 1 cucchiaio di farina di mais (amido di mais)

15 ml/1 cucchiaio di acqua

Scaldare l'olio e friggere i rognoni per 2 minuti, quindi toglierli dalla padella. Scaldare nuovamente l'olio e friggere la carne di maiale fino a leggera doratura. Aggiungere le verdure e farle rosolare per 3 minuti. Aggiungere la salsa di soia, il vino, il brodo, la salsa di prugne, l'aceto di vino, le cinque spezie in polvere e lo zucchero, portare a ebollizione, coprire e cuocere a fuoco lento per 30 minuti fino a cottura. Aggiungi i reni. Mescolare la farina di mais con l'acqua e mescolare nella padella. Portare a ebollizione e cuocere, mescolando, finché la salsa non si sarà addensata.

Maiale con spaghetti di riso

Serve 4

4 funghi cinesi secchi

Spaghetti di riso da 100 g/4 once

225 g/8 oz di carne di maiale magra, tagliata a listarelle

15 ml / 1 cucchiaio di farina di mais (amido di mais)

15 ml/1 cucchiaio di salsa di soia

15 ml/1 cucchiaio di vino di riso o sherry secco

45 ml/3 cucchiai di olio di arachidi

2,5 ml/½ cucchiaino di sale

1 fetta di radice di zenzero tritata

2 gambi di sedano tritati

120 ml / 4 fl oz / ½ tazza di brodo di pollo

2 scalogni (scalogno), affettati

Mettere a bagno i funghi in acqua calda per 30 minuti e scolarli. Eliminare i gambi e tagliare le estremità. Lessare la pasta in acqua tiepida per 30 minuti, scolarla e tagliarla a pezzetti di 5/2 cm. Metti il maiale in una ciotola. Mescolare la farina di mais, la salsa di soia e il vino o lo sherry, versare sulla carne di maiale e mescolare. Scaldate l'olio e fate soffriggere il sale e lo zenzero per qualche secondo. Aggiungere la carne di maiale e cuocere fino a leggera doratura. Aggiungete i funghi e il sedano e fate rosolare per 1 minuto. Aggiungere il brodo, portare ad ebollizione, coprire e cuocere per 2 minuti. Aggiungere le tagliatelle e scaldare per 2 minuti. Aggiungete l'erba cipollina e servite subito.

ricchi gnocchi di maiale

Serve 4

450 g/1 libbra di carne di maiale macinata (macinata)
100 g/4 once di tofu, frullato
4 castagne d'acqua, tritate finemente
sale e pepe macinato fresco
120 ml / 4 fl oz / ½ tazza di olio di arachidi
1 fetta di radice di zenzero tritata
600 ml/1 pt/2½ tazze di brodo di pollo
15 ml/1 cucchiaio di salsa di soia
5 ml/1 cucchiaino di zucchero di canna
5 ml/1 cucchiaino di vino di riso o sherry secco

Aggiungere il maiale, il tofu e le castagne e condire con sale e pepe. Formare delle palline grandi. Scaldare l'olio e friggere i panini di maiale fino a doratura su tutti i lati e toglierli dalla padella. Scolare tutto tranne 15 ml/1 cucchiaio di olio e aggiungere lo zenzero, il brodo, la salsa di soia, lo zucchero e il vino o lo sherry. Rimettere le polpette nella padella, portare ad ebollizione e cuocere lentamente per 20 minuti fino a cottura ultimata.

Braciole Di Maiale Al Forno

Serve 4

4 braciole di maiale
75 ml/5 cucchiai di salsa di soia
olio per friggere
100 g di sedano
3 scalogni (erba cipollina), tritati
1 fetta di radice di zenzero tritata
15 ml/1 cucchiaio di vino di riso o sherry secco
120 ml / 4 fl oz / ½ tazza di brodo di pollo
sale e pepe macinato fresco
5 ml/1 cucchiaino di olio di sesamo

Immergere le costolette di maiale nella salsa di soia finché non saranno ben ricoperte. Scaldare l'olio e friggere le costolette fino a doratura. Rimuovere e scolare bene. Metti il sedano sul fondo di una teglia bassa. Cospargere lo scalogno e lo zenzero e adagiarvi sopra le costolette di maiale. Versare il vino o lo sherry e il brodo e condire con sale e pepe. Cospargere con olio di sesamo. Cuocere in forno preriscaldato a 200°C/400°C/gas mark 6 per 15 minuti.

maiale piccante

Serve 4

1 cetriolo, tagliato a dadini

sale

450 g/1 libbra di carne di maiale magra, tagliata a cubetti

5 ml/1 cucchiaino di sale

45 ml/3 cucchiai di salsa di soia

30 ml/2 cucchiai di vino di riso o sherry secco

30 ml / 2 cucchiai di farina di mais (amido di mais)

15 ml/1 cucchiaio di zucchero di canna

60 ml/4 cucchiai di olio di arachidi

1 fetta di radice di zenzero tritata

1 spicchio d'aglio, tritato

1 peperoncino rosso privato dei semi e tritato

60 ml/4 cucchiai di brodo di pollo

Cospargere il cetriolo con sale e mettere da parte. Aggiungere la carne di maiale, il sale, 15 ml/1 cucchiaio di salsa di soia, 15 ml/1 cucchiaio di vino o sherry, 15 ml/1 cucchiaio di farina di mais, zucchero di canna e 15 ml/1 cucchiaio di olio d'oliva. Lasciare riposare per 30 minuti e togliere la carne dalla marinata.

Scaldare l'olio rimanente e friggere il maiale fino a dorarlo leggermente. Aggiungere lo zenzero, l'aglio e il peperoncino e soffriggere per 2 minuti. Aggiungere il cetriolo e far rosolare per 2 minuti. Mescolare il brodo e la rimanente salsa di soia, vino o sherry e farina di mais nella marinata. Versatelo nella padella e portate a ebollizione, mescolando. Cuocere, mescolando, fino a quando la salsa sarà chiara e addensata, continuando a cuocere a fuoco lento fino a quando la carne sarà cotta.

fette di maiale felici

Serve 4

225 g/8 oz di carne di maiale magra, affettata
2 albumi
15 ml / 1 cucchiaio di farina di mais (amido di mais)
45 ml/3 cucchiai di olio di arachidi
50 g/2 once di germogli di bambù, affettati
6 scalogni (erba cipollina), tritati
2,5 ml/½ cucchiaino di sale
15 ml/1 cucchiaio di vino di riso o sherry secco
150 ml/¼ pt/½ tazza generosa di brodo di pollo

Mescolare la carne di maiale con gli albumi e la farina di mais fino a quando sarà ben ricoperta. Scaldare l'olio e friggere la carne di maiale fino a doratura, quindi toglierla dalla padella.

Aggiungere i germogli di bambù e lo scalogno e far rosolare per 2 minuti. Riporta il maiale in padella con sale, vino o sherry e brodo di pollo. Portare a ebollizione e cuocere, mescolando, per 4 minuti, fino a quando la carne di maiale sarà cotta.

Maiale con spinaci e carote

Serve 4

225 g / 8 once di carne di maiale magra
2 carote, tagliate a listarelle
225 g/8 once di spinaci
45 ml/3 cucchiai di olio di arachidi
1 scalogno (erba cipollina), tritato finemente
15 ml/1 cucchiaio di salsa di soia
2,5 ml/½ cucchiaino di sale
10 ml / 2 cucchiaini di farina di mais (amido di mais)
30 ml/2 cucchiai di acqua

Affettare sottilmente il maiale contro la fibra e tagliarlo a listarelle. Lessare le carote per circa 3 minuti e scolarle. Tagliare le foglie degli spinaci a metà. Scaldare l'olio e friggere l'erba cipollina fino a renderla traslucida. Aggiungere la carne di maiale e cuocere fino a leggera doratura. Aggiungere la carota e la salsa di soia e far rosolare per 1 minuto. Aggiungete il sale e gli spinaci e fate rosolare per circa 30 secondi finché non iniziano ad ammorbidirsi. Mescolare la farina di mais con l'acqua fino a formare una pasta, unirla alla salsa e friggerla finché non diventa bianca e servire subito.

maiale al vapore

Serve 4

450 g/1 libbra di carne di maiale magra, tagliata a cubetti
120 ml / 4 fl oz / ½ tazza di salsa di soia
120 ml / 4 fl oz / ½ tazza di vino di riso o sherry secco
15 ml/1 cucchiaio di zucchero di canna

Mescolare tutti gli ingredienti e metterli in una ciotola resistente al calore. Cuocere a vapore su una griglia sopra acqua bollente per circa 1 ora e mezza fino a cottura.

Maiale arrosto

Serve 4

25 g/1 oncia di funghi cinesi secchi
15 ml/1 cucchiaio di olio di arachidi
450 g/1 libbra di carne di maiale magra, affettata
1 peperone verde tritato
15 ml/1 cucchiaio di salsa di soia
15 ml/1 cucchiaio di vino di riso o sherry secco
5 ml/1 cucchiaino di sale
5 ml/1 cucchiaino di olio di sesamo

Mettere a bagno i funghi in acqua calda per 30 minuti e scolarli. Eliminare i gambi e tagliare le estremità. Scaldare l'olio e friggere la carne di maiale fino a doratura leggermente. Aggiungere i peperoni e farli rosolare per 1 minuto. Aggiungete i funghi, la salsa di soia, il vino o lo sherry, il sale e fate rosolare per qualche minuto finché la carne non sarà cotta. Mescolare con olio di sesamo prima di servire.

Maiale con patate dolci

Serve 4

olio per friggere

2 grandi patate dolci tagliate a cubetti

30 ml/2 cucchiai di olio di arachidi

1 fetta di radice di zenzero, tagliata

1 cipolla, affettata

450 g/1 libbra di carne di maiale magra, tagliata a cubetti

15 ml/1 cucchiaio di salsa di soia

2,5 ml/½ cucchiaino di sale

pepe appena macinato

250 ml / 8 fl oz / 1 tazza di brodo di pollo

30 ml/2 cucchiai di curry in polvere

Scaldare l'olio e friggere le patate dolci fino a doratura. Togliere dalla padella e scolare bene. Scaldare l'olio di arachidi e friggere lo zenzero e la cipolla fino a quando saranno leggermente dorati. Aggiungere la carne di maiale e cuocere fino a leggera doratura. Aggiungete la salsa di soia, sale e un pizzico di pepe, aggiungete il brodo e il curry, portate a ebollizione e fate cuocere, mescolando, per 1 minuto. Aggiungere le patatine, coprire e cuocere per 30 minuti fino a quando la carne di maiale sarà cotta.

maiale in agrodolce

Serve 4

450 g/1 libbra di carne di maiale magra, tagliata a cubetti
15 ml/1 cucchiaio di vino di riso o sherry secco
15 ml/1 cucchiaio di olio di arachidi
5 ml/1 cucchiaino di curry in polvere
1 uovo sbattuto
sale
100 g farina di mais (amido di mais)
olio per friggere
1 spicchio d'aglio, schiacciato
75 g / 3 once / ½ tazza di zucchero
50 g di ketchup di pomodoro (ketchup)
5 ml/1 cucchiaino di aceto di vino
5 ml/1 cucchiaino di olio di sesamo

Mescolare il maiale con vino o sherry, olio d'oliva, curry in polvere, uovo e un po' di sale. Mescolare la farina di mais finché la carne di maiale non sarà ricoperta dalla pastella. Scaldare l'olio fino a farlo fumare e aggiungere un paio di volte i cubetti di maiale. Friggere per circa 3 minuti, scolare e mettere da parte. Scaldate nuovamente l'olio e friggete nuovamente i cubetti per circa 2 minuti. Rimuovere e scolare. Scaldare l'aglio, lo zucchero, il ketchup e l'aceto di vino, mescolando, finché lo zucchero non si scioglie. Portare a ebollizione, aggiungere i cubetti di maiale e mescolare bene. Unire l'olio di sesamo e servire.

carne di maiale salata

Serve 4

30 ml/2 cucchiai di olio di arachidi
450 g/1 libbra di carne di maiale magra, tagliata a cubetti
3 scalogni (scalogno), affettati
2 spicchi d'aglio, schiacciati
1 fetta di radice di zenzero tritata
250 ml / 8 fl oz / 1 tazza di salsa di soia
30 ml/2 cucchiai di vino di riso o sherry secco
30 ml/2 cucchiai di zucchero di canna
5 ml/1 cucchiaino di sale
600 ml/1 pt/2½ tazze di acqua

Scaldare l'olio e friggere il maiale fino a doratura. Scolare l'olio in eccesso, aggiungere lo scalogno, l'aglio e lo zenzero e friggere per 2 minuti. Aggiungere la salsa di soia, il vino o lo sherry, lo zucchero e il sale e mescolare bene. Aggiungere l'acqua, portare ad ebollizione, coprire e cuocere per 1 ora.

maiale con tofu

Serve 4

450 g/1 libbra di carne di maiale magra
45 ml/3 cucchiai di olio di arachidi
1 cipolla, affettata
1 spicchio d'aglio, schiacciato
225 g/8 once di tofu, a cubetti
375 ml / 13 fl oz / 1½ dl di brodo di pollo
15 ml/1 cucchiaio di zucchero di canna
60 ml/4 cucchiai di salsa di soia
2,5 ml/½ cucchiaino di sale

Mettete la carne di maiale in una padella e copritela con acqua. Portare a ebollizione e poi cuocere per 5 minuti. Scolare e raffreddare e tagliare a cubetti.

Scaldare l'olio e soffriggere la cipolla e l'aglio fino a quando saranno leggermente dorati. Aggiungere la carne di maiale e cuocere fino a leggera doratura. Aggiungere il tofu e mescolare delicatamente fino a ricoprirlo di olio. Aggiungere il brodo, lo zucchero, la salsa di soia e il sale, portare a ebollizione, coprire e cuocere per ca. 40 minuti fino a quando il maiale sarà tenero.

maiale tenero

Serve 4

225 g/8 oz lombo di maiale, a cubetti
1 albume d'uovo
30 ml/2 cucchiai di vino di riso o sherry secco
sale
225 g / 8 oz farina di mais (amido di mais)
olio per friggere

Mescolare il maiale con albumi, vino o sherry e un po' di sale. Lavorare gradualmente la farina di mais quanto basta per ottenere un impasto denso. Scaldate l'olio e friggete la carne finché non sarà dorata e croccante fuori e tenera dentro.

due volte maiale

Serve 4

225 g / 8 once di carne di maiale magra

45 ml/3 cucchiai di olio di arachidi

2 peperoni verdi, tagliati a pezzi

2 spicchi d'aglio, tritati

2 scalogni (scalogno), affettati

15 ml/1 cucchiaio di salsa piccante di fagioli

15 ml/1 cucchiaio di brodo di pollo

5 ml/1 cucchiaino di zucchero

Mettete le costolette di maiale in una padella, coprite con acqua, portate a ebollizione e fate cuocere per 20 minuti fino a cottura. Togliere, scolare e lasciare raffreddare. Tagliare a fettine sottili.

Scaldare l'olio e friggere la carne di maiale fino a doratura leggermente. Aggiungere i peperoni, l'aglio e l'erba cipollina e far rosolare per 2 minuti. Togliere dalla padella. Aggiungere nella padella la salsa di fagioli, il brodo e lo zucchero e cuocere, mescolando, per 2 minuti. Riportare il maiale e i peperoni e cuocere fino a quando saranno completamente riscaldati. Servire immediatamente.

maiale con verdure

Serve 4

2 spicchi d'aglio, schiacciati

5 ml/1 cucchiaino di sale

2,5 ml/½ cucchiaino di pepe appena macinato

30 ml/2 cucchiai di olio di arachidi

30 ml/2 cucchiai di salsa di soia

225 g di cimette di broccoli

200 g di cimette di cavolfiore

1 peperone rosso a dadini

1 cipolla tritata

2 arance, sbucciate e tritate

1 pezzo di gambo di zenzero tritato

30 ml / 2 cucchiai di farina di mais (amido di mais)

300 ml / ½ pt / 1 ¼ tazze di acqua

20 ml/2 cucchiai di aceto di vino

15 ml/1 cucchiaio di miele

pizzico di zenzero in polvere

2,5 ml/½ cucchiaino di cumino

Schiacciare l'aglio, il sale e il pepe nella carne. Scaldare l'olio e friggere la carne fino a doratura leggera. Togliere dalla padella. Aggiungete nella padella la salsa di soia e le verdure e fatele rosolare finché saranno morbide ma ancora croccanti.

Aggiungere le arance e lo zenzero. Aggiungere la farina di mais e l'acqua e mescolare nella padella con l'aceto di vino, il miele, lo zenzero e il cumino. Portare a ebollizione e cuocere, mescolando, per 2 minuti. Riportare il maiale nella padella e scaldarlo prima di servire.

maiale alle noci

Serve 4

50 g / 2 once / ½ tazza di noci
225 g/8 oz di carne di maiale magra, tagliata a listarelle
30 ml / 2 cucchiai di farina di frumento (per tutti gli usi)
30 ml/2 cucchiai di zucchero di canna
30 ml/2 cucchiai di salsa di soia
olio per friggere
15 ml/1 cucchiaio di olio di arachidi

Sbollentare le noci in acqua bollente per 2 minuti e scolarle. Mescolare il maiale con farina, zucchero e 15 ml/1 cucchiaio di salsa di soia fino a ricoprirlo bene. Scaldare l'olio e friggere la carne di maiale finché diventa croccante e dorata. Scolare su carta da cucina. Scaldare l'olio di arachidi e friggere le noci fino a doratura. Aggiungere il maiale nella padella, cospargere con la rimanente salsa di soia e cuocere fino a quando sarà completamente riscaldato.

wonton di maiale

Serve 4

450 g/1 libbra di carne di maiale macinata (macinata)
1 scalogno (erba cipollina), tritato
225 g/8 oz verdure miste, tritate
30 ml/2 cucchiai di salsa di soia
5 ml/1 cucchiaino di sale
40 pelli di wonton
olio per friggere

Scaldare una padella e friggere la carne di maiale e l'erba cipollina fino a quando saranno leggermente dorate. Togliere dal fuoco e aggiungere le verdure, la salsa di soia e il sale.

Per piegare i wonton, tieni la pelle nel palmo della mano sinistra e metti un po' di ripieno al centro. Inumidire i bordi con l'uovo e piegare la pelle a triangolo, sigillando i bordi. Inumidisci gli angoli con l'uovo e attorcigliali insieme.

Scaldate l'olio e friggete i wonton pochi alla volta fino a doratura. Scolare bene prima di servire.

Maiale con castagne d'acqua

Serve 4

45 ml/3 cucchiai di olio di arachidi
1 spicchio d'aglio, schiacciato
1 scalogno (erba cipollina), tritato
1 fetta di radice di zenzero tritata
225 g/8 oz di carne di maiale magra, tagliata a listarelle
100 g di castagne d'acqua, tagliate a fettine sottili
45 ml/3 cucchiai di salsa di soia
15 ml/1 cucchiaio di vino di riso o sherry secco
5 ml / 1 cucchiaio di farina di mais (amido di mais)

Scaldare l'olio e soffriggere l'aglio, l'erba cipollina e lo zenzero finché saranno leggermente dorati. Aggiungere la carne di maiale e cuocere per 10 minuti fino a doratura. Aggiungete le castagne d'acqua e fatele rosolare per 3 minuti. Aggiungete gli altri ingredienti e fate rosolare per 3 minuti.

Wonton di maiale e gamberetti

Serve 4

225 g / 8 oz carne di maiale macinata (macinata)
2 scalogni (erba cipollina), tritati
100 g/4 oz di verdure miste, tritate
100 g/4 once di funghi tritati
225 g/8 oz gamberetti sgusciati, tritati
15 ml/1 cucchiaio di salsa di soia
2,5 ml/½ cucchiaino di sale
40 pelli di wonton
olio per friggere

Scaldare una padella e friggere la carne di maiale e l'erba cipollina fino a quando saranno leggermente dorate. Aggiungere il resto degli ingredienti.

Per piegare i wonton, tieni la pelle nel palmo della mano sinistra e metti un po' di ripieno al centro. Inumidire i bordi con l'uovo e piegare la pelle a triangolo, sigillando i bordi. Inumidisci gli angoli con l'uovo e attorcigliali insieme.

Scaldate l'olio e friggete i wonton pochi alla volta fino a doratura. Scolare bene prima di servire.

Polpette macinate al vapore

Serve 4

2 spicchi d'aglio, schiacciati
2,5 ml/½ cucchiaino di sale
450 g/1 libbra di carne di maiale macinata (macinata)
1 cipolla tritata
1 peperone rosso, tritato
1 peperone verde, tritato
2 pezzi di gambo di zenzero tritato
5 ml/1 cucchiaino di curry in polvere
5 ml/1 cucchiaino di paprika
1 uovo sbattuto
45 ml / 3 cucchiai di farina di mais (amido di mais)
50 g di riso a chicco corto
sale e pepe macinato fresco
60 ml / 4 cucchiai di erba cipollina tritata

Aggiungere l'aglio, il sale, la carne di maiale, la cipolla, il peperoncino, lo zenzero, il curry e la paprika. Aggiungere l'uovo al composto di farina di mais e riso. Salare e pepare, aggiungere l'erba cipollina e, con le mani bagnate, formare delle palline. Metterli in una vaporiera, coprire e cuocere in acqua bollente per 20 minuti fino a cottura.

Costolette con salsa di fagioli neri

Serve 4

Costolette di maiale da 900 g / 2 libbre

2 spicchi d'aglio, schiacciati

2 scalogni (erba cipollina), tritati

30 ml/2 cucchiai di salsa di fagioli neri

30 ml/2 cucchiai di vino di riso o sherry secco

15 ml/1 cucchiaio di acqua

30 ml/2 cucchiai di salsa di soia

15 ml / 1 cucchiaio di farina di mais (amido di mais)

5 ml/1 cucchiaino di zucchero

120 ml / 4 fl oz ½ tazza di acqua

30 ml/2 cucchiai di olio

2,5 ml/½ cucchiaino di sale

120 ml / 4 fl oz / ½ tazza di brodo di pollo

Tagliare le costole a 2,5 cm/1. Aggiungere l'aglio, l'erba cipollina, la salsa di fagioli neri, il vino o lo sherry, l'acqua e 15 ml/1 cucchiaio di salsa di soia. Mescolare la restante salsa di soia con la farina di mais, lo zucchero e l'acqua. Scaldare l'olio e il sale e friggere le costine fino a doratura. Scaricare l'olio. Aggiungere il composto di aglio e rosolare per 2 minuti. Aggiungere il brodo, portare ad ebollizione, coprire e cuocere per 4 minuti. Aggiungere il composto di farina di mais e cuocere, mescolando, finché la salsa non si schiarisce e si addensa.

Costolette di maiale brasate

Serve 4

3 spicchi d'aglio, schiacciati
75 ml/5 cucchiai di salsa di soia
60 ml/4 cucchiai di salsa hoisin
60 ml / 4 cucchiai di vino di riso o sherry secco
45 ml/3 cucchiai di zucchero di canna
30 ml / 2 cucchiai di passata di pomodoro (pasta)
Costolette di maiale da 900 g / 2 libbre
15 ml/1 cucchiaio di miele

Unisci aglio, salsa di soia, salsa hoisin, vino o sherry, zucchero di canna e passata di pomodoro, versa sopra le costolette, copri e lascia marinare per una notte.

Scolate le costine e mettetele su una griglia in una teglia con un po' d'acqua sotto. Cuocere in forno preriscaldato a 180°C/350°F/gas 4 per 45 minuti, spennellando di tanto in tanto con la marinata, tenendo da parte 30 ml/2 cucchiai di marinata. Mescolare la marinata messa da parte con il miele e spennellare le costolette. Grigliare o cuocere al forno (cuocere al forno) sotto la griglia calda per circa 10 minuti.

Braciola d'acero bruciato

Serve 4

Costolette di maiale da 900 g / 2 libbre
60 ml / 4 cucchiai di sciroppo d'acero
5 ml/1 cucchiaino di sale
5 ml/1 cucchiaino di zucchero
45 ml/3 cucchiai di salsa di soia
15 ml/1 cucchiaio di vino di riso o sherry secco
1 spicchio d'aglio, schiacciato

Tagliare le costine in pezzi di 5/2 cm e metterle in una ciotola. Mescolare tutti gli ingredienti, aggiungere le costine e mescolare bene. Coprire e marinare durante la notte. Cuocere alla griglia (cuocere alla griglia) o cuocere a fuoco medio per circa 30 minuti.

cotolette fritte

Serve 4

Costolette di maiale da 900 g / 2 libbre
120 ml / 4 fl oz / ½ tazza di ketchup di pomodoro (catsup)
120 ml / 4 fl oz / ½ tazza di aceto di vino
60 ml/4 cucchiai di chutney di mango
45 ml/3 cucchiai di vino di riso o sherry secco
2 spicchi d'aglio, tritati
5 ml/1 cucchiaino di sale
45 ml/3 cucchiai di salsa di soia
30 ml/2 cucchiai di miele
15 ml/1 cucchiaio di curry delicato in polvere
15 ml/1 cucchiaio di paprika
olio per friggere

60 ml / 4 cucchiai di erba cipollina tritata

Metti le costolette in una ciotola. Mescolare tutti gli ingredienti tranne l'olio e l'erba cipollina, versare sulle costine, coprire e lasciar marinare per almeno 1 ora. Scaldare l'olio e friggere le costine fino a renderle croccanti. Servire cosparso di erba cipollina.

Costata con porro

Serve 4

Costolette di maiale da 450 g/1 libbra
olio per friggere
250 ml / 8 fl oz / 1 tazza di brodo
30 ml / 2 cucchiai di ketchup di pomodoro (catsup)
2,5 ml/½ cucchiaino di sale
2,5 ml/½ cucchiaino di zucchero
2 porri, tagliati a pezzi
6 scalogni (erba cipollina), tagliati a pezzi
50 g di cimette di broccoli
5 ml/1 cucchiaino di olio di sesamo

Tagliare le costole in 5 cm/2 pezzi. Scaldare l'olio e friggere le costine finché non iniziano a dorarsi. Toglieteli dalla padella e versateli tutti tranne 30 ml/2 cucchiai di olio. Aggiungere il brodo, il ketchup, il sale e lo zucchero, portare a ebollizione e cuocere per 1 minuto. Riportare le costole nella padella e cuocere per circa 20 minuti finché saranno tenere.

Nel frattempo scaldate altri 30 ml/2 cucchiai di olio e fate soffriggere i porri, i cipollotti e i broccoli per circa 5 minuti. Cospargere con olio di sesamo e disporre su un piatto caldo. Disporre al centro le costine e la salsa e servire.

Costata ai funghi

Serve 4-6

6 funghi cinesi secchi
Costolette di maiale da 900 g / 2 libbre
2 spicchi di anice stellato
45 ml/3 cucchiai di salsa di soia
5 ml/1 cucchiaino di sale
15 ml / 1 cucchiaio di farina di mais (amido di mais)

Mettere a bagno i funghi in acqua calda per 30 minuti e scolarli. Eliminare i gambi e tagliare le estremità. Tagliare le costole in 5 cm/2 pezzi. Portare a bollore una pentola d'acqua, aggiungere le costine e cuocere per 15 minuti. Si asciuga bene. Rimettete le costine nella padella e copritele con acqua fredda. Aggiungete i funghi, l'anice stellato, la salsa di soia e il sale. Portare a ebollizione, coprire e cuocere per circa 45 minuti finché la carne sarà tenera. Mescolare la farina di mais con un po' di acqua fredda, versarla nella padella e cuocere, mescolando, finché la salsa non sarà chiara e si sarà addensata.

Costata all'arancia

Serve 4

Costolette di maiale da 900 g / 2 libbre
5 ml/1 cucchiaino di formaggio grattugiato
5 ml / 1 cucchiaio di farina di mais (amido di mais)
45 ml/3 cucchiai di vino di riso o sherry secco
sale
olio per friggere
15 ml/1 cucchiaio di acqua
2,5 ml/½ cucchiaino di zucchero
15 ml / 1 cucchiaio di passata di pomodoro (pasta)
2,5 ml/½ cucchiaino di salsa piccante
buccia grattugiata di 1 arancia
1 arancia, affettata

Tagliare le costolette a pezzi e mescolarle con formaggio, maizena, 5 ml/1 cucchiaino di vino o sherry e un pizzico di sale. Lasciare marinare per 30 minuti. Scaldare l'olio e friggere le costine per circa 3 minuti fino a doratura. Scaldare 15 ml/1 cucchiaio di olio d'oliva in un wok, aggiungere l'acqua, lo zucchero, il concentrato di pomodoro, la salsa di peperoncino, la scorza d'arancia e il vino o lo sherry rimanenti e mescolare a fuoco basso per 2 minuti. Aggiungere la carne di maiale e mescolare fino a quando sarà ben ricoperta. Trasferire su un piatto caldo e servire guarnendo con fettine di arancia.

cotoletta di ananas

Serve 4

Costolette di maiale da 900 g / 2 libbre
600 ml/1 pt/2½ tazze di acqua
30 ml/2 cucchiai di olio di arachidi
2 spicchi d'aglio, tritati finemente
Lattina da 200 g / 7 oz di pezzi di ananas in succo di frutta
120 ml / 4 fl oz / ½ tazza di brodo di pollo
60 ml/4 cucchiai di aceto di vino
50 g / 2 once / ¼ tazza di zucchero di canna
15 ml/1 cucchiaio di salsa di soia

15 ml / 1 cucchiaio di farina di mais (amido di mais)
3 scalogni (erba cipollina), tritati

Mettete la carne di maiale e l'acqua in una padella, portate a ebollizione, coprite e fate cuocere per 20 minuti. Si asciuga bene.

Scaldare l'olio e friggere l'aglio fino a quando sarà leggermente dorato. Aggiungere le costole e cuocere fino a quando saranno ben ricoperte di olio. Scolare i pezzi di ananas e aggiungere 120 ml di succo nella padella con brodo, aceto, zucchero e salsa di soia. Portare a ebollizione, coprire e cuocere per 10 minuti. Aggiungere l'ananas sgocciolato. Mescolare la farina di mais con un po' d'acqua, incorporarla alla salsa e cuocere, mescolando, fino a quando la salsa si schiarisce e si addensa. Servire cosparso di erba cipollina.

Cotoletta di gamberi croccante

Serve 4

Costolette di maiale da 900 g / 2 libbre
450 g/1 libbra di gamberi sgusciati
5 ml/1 cucchiaino di zucchero
sale e pepe macinato fresco
30 ml / 2 cucchiai di farina di frumento (per tutti gli usi)
1 uovo, leggermente sbattuto

100 g / 4 once di pangrattato
olio per friggere

Tagliare le costole in 5 cm/2 pezzi. Togliere parte della carne e tritarla con i gamberi, lo zucchero, sale e pepe. Aggiungete farina e uova quanto basta per rendere il composto appiccicoso.
Pressare attorno ai pezzi di costolette e cospargerli di pangrattato. Scaldare l'olio e friggere le costine finché non salgono in superficie. Scolatele bene e servitele calde.

Costolette al vino di riso

Serve 4

Costolette di maiale da 900 g / 2 libbre
450 ml / ¾ pt / 2 tazze di acqua
60 ml/4 cucchiai di salsa di soia
5 ml/1 cucchiaino di sale
30 ml/2 cucchiai di vino di riso
5 ml/1 cucchiaino di zucchero

Tagliare le costole a 2,5 cm/1. Mettete in una pentola con acqua, salsa di soia e sale, portate a bollore, coprite e fate cuocere per 1 ora. Si asciuga bene. Scaldare una padella e aggiungere le costine, il vino di riso e lo zucchero. Cuocere a fuoco vivace finché il liquido non sarà evaporato.

Costolette con semi di sesamo

Serve 4

Costolette di maiale da 900 g / 2 libbre

1 uovo

30 ml / 2 cucchiai di farina di frumento (per tutti gli usi)

5 ml/1 cucchiaino di fecola di patate

45 ml/3 cucchiai di acqua

olio per friggere

30 ml/2 cucchiai di olio di arachidi

30 ml / 2 cucchiai di ketchup di pomodoro (catsup)

30 ml/2 cucchiai di zucchero di canna

10 ml/2 cucchiaini di aceto di vino

45 ml/3 cucchiai di semi di sesamo

4 foglie di lattuga

Tagliare le costolette in pezzi di 10 cm/4 cm e metterle in una ciotola. Impastate l'uovo con la farina, la fecola e l'acqua, aggiungetelo alle costine e lasciate riposare per 4 ore.

Scaldare l'olio e friggere le costine finché non saranno dorate, toglierle e scolarle. Scaldate l'olio e fate soffriggere per qualche minuto il ketchup, lo zucchero, l'aceto di vino. Aggiungere le costole e cuocere fino a quando saranno ben ricoperte. Cospargere con semi di sesamo e friggere per 1 minuto. Disporre le foglie di lattuga su un piatto caldo, guarnire con le costolette e servire.

Cotolette con salsa agrodolce

Serve 4

Costolette di maiale da 900 g / 2 libbre
600 ml/1 pt/2½ tazze di acqua
30 ml/2 cucchiai di olio di arachidi
2 spicchi d'aglio, schiacciati
5 ml/1 cucchiaino di sale
100 g / 4 once / ½ tazza di zucchero di canna
75 ml/5 cucchiai di brodo di pollo
60 ml/4 cucchiai di aceto di vino
100 g / 4 oz di pezzi di ananas sciroppato
15 ml / 1 cucchiaio di passata di pomodoro (pasta)
15 ml/1 cucchiaio di salsa di soia
15 ml / 1 cucchiaio di farina di mais (amido di mais)
30 ml/2 cucchiai di cocco grattugiato

Mettete la carne di maiale e l'acqua in una padella, portate a ebollizione, coprite e fate cuocere per 20 minuti. Si asciuga bene.

Scaldare l'olio e friggere le costolette con aglio e sale fino a doratura. Aggiungere lo zucchero, il brodo e l'aceto di vino e portare ad ebollizione. Scolare l'ananas e aggiungere 30 ml/2 cucchiai di sciroppo nella padella con la passata di pomodoro, la salsa di soia e la farina di mais. Mescolare bene e cuocere, mescolando, finché la salsa non sarà chiara e si sarà addensata. Aggiungere l'ananas, cuocere per 3 minuti e servire spolverato di cocco.

Costoletta brasata

Serve 4

Costolette di maiale da 900 g / 2 libbre
1 uovo sbattuto
5 ml/1 cucchiaino di salsa di soia
5 ml/1 cucchiaino di sale
10 ml / 2 cucchiaini di farina di mais (amido di mais)
10 ml/2 cucchiaini di zucchero
60 ml/4 cucchiai di olio di arachidi
250 ml / 8 fl oz / 1 tazza di aceto di vino
250 ml / 8 fl oz / 1 tazza di acqua
250 ml / 8 fl oz / 1 tazza di vino di riso o sherry secco

Metti le costolette in una ciotola. Mescolare l'uovo con la salsa di soia, il sale, metà della farina di mais e metà dello zucchero, aggiungere le costine e mescolare bene. Scaldare l'olio e friggere le costine fino a doratura. Aggiungete gli altri ingredienti, portate ad ebollizione e fate cuocere fino a quando il liquido sarà quasi evaporato.

Costata al pomodoro

Serve 4

Costolette di maiale da 900 g / 2 libbre
75 ml/5 cucchiai di salsa di soia
30 ml/2 cucchiai di vino di riso o sherry secco
2 uova, sbattute
45 ml / 3 cucchiai di farina di mais (amido di mais)
olio per friggere
45 ml/3 cucchiai di olio di arachidi
1 cipolla, affettata sottilmente
250 ml / 8 fl oz / 1 tazza di brodo di pollo
60 ml/4 cucchiai di ketchup di pomodoro (catsup)
10 ml / 2 cucchiaini di zucchero di canna

Tagliare le costole a 2,5 cm/1. Mescolare con 60 ml/4 cucchiai di salsa di soia e il vino o lo sherry e lasciare marinare per 1 ora, mescolando di tanto in tanto. Scolare, eliminare la marinata. Passare le costine nell'uovo e poi nella farina di mais. Scaldare l'olio e friggere le costine, poche alla volta, fino a doratura. Si asciuga bene. Riscaldare l'olio di arachidi (arachidi) e friggere la cipolla fino a renderla trasparente. Aggiungere il brodo, la restante salsa di soia, il ketchup e lo zucchero di canna e cuocere, mescolando, per 1 minuto. Aggiungere le costolette e cuocere per 10 minuti.

Maiale grigliato

Serve 4-6

Spalla di maiale disossata da 1,25 kg / 3 libbre

2 spicchi d'aglio, schiacciati

2 scalogni (erba cipollina), tritati

250 ml / 8 fl oz / 1 tazza di salsa di soia

120 ml / 4 fl oz / ½ tazza di vino di riso o sherry secco

100 g / 4 once / ½ tazza di zucchero di canna

5 ml/1 cucchiaino di sale

Metti il maiale in una ciotola. Mescolare gli ingredienti rimanenti, versare sulla carne di maiale, coprire e marinare per 3 ore. Trasferire la carne di maiale e la marinata su una teglia e arrostire in forno preriscaldato a 200°C/400°F/gas 6 per 10 minuti. Ridurre la temperatura a 160°C/325°F/gas mark 3 per 1 ora e ¾ fino a quando la carne di maiale sarà completamente cotta.

Maiale freddo con senape

Serve 4

1 kg di arrosto di maiale disossato
250 ml / 8 fl oz / 1 tazza di salsa di soia
120 ml / 4 fl oz / ½ tazza di vino di riso o sherry secco
100 g / 4 once / ½ tazza di zucchero di canna
3 scalogni (erba cipollina), tritati
5 ml/1 cucchiaino di sale
30 ml / 2 cucchiai di senape in polvere

Metti il maiale in una ciotola. Mescolare tutti gli ingredienti rimanenti tranne la senape e versare sulla carne di maiale. Lasciare marinare per almeno 2 ore, spennellando spesso. Foderare una teglia con un foglio di alluminio e posizionare la carne di maiale su una griglia nella padella. Cuocere in forno preriscaldato a 200°C/400°F/gas livello 6 per 10 minuti, quindi abbassare la temperatura a 160°C/325°F/gas livello 3 per altre 1 ora e ¾, finché la carne sarà tenera. offerta. Fatelo raffreddare e poi mettetelo in frigo. Taglia bene. Mescolare la polvere di senape con acqua sufficiente per ottenere una pasta cremosa da servire con il maiale.

arrosto di maiale cinese

Serve 6

Pezzo di maiale da 1,25 kg / 3 lb, tagliato a fette spesse

2 spicchi d'aglio, tritati finemente

30 ml/2 cucchiai di vino di riso o sherry secco

15 ml/1 cucchiaio di zucchero di canna

15 ml/1 cucchiaio di miele

90 ml/6 cucchiai di salsa di soia

2,5 ml/½ cucchiaino di polvere di cinque spezie

Disporre il maiale in un piatto fondo. Mescolare gli ingredienti rimanenti, versare sulla carne di maiale, coprire e marinare in frigorifero per una notte, girando e mescolando di tanto in tanto.

Disporre le fette di maiale su una griglia in una teglia con un po' d'acqua e ricoprirle bene con la marinata. Cuocere in forno preriscaldato a 180°C/gas 5 per ca. 1 ora, spennellando di tanto in tanto, fino a quando la carne di maiale sarà cotta.

maiale con spinaci

Serve 6-8

30 ml/2 cucchiai di olio di arachidi
Lombo di maiale da 1,25 kg / 3 libbre
250 ml / 8 fl oz / 1 tazza di brodo di pollo
15 ml/1 cucchiaio di zucchero di canna
60 ml/4 cucchiai di salsa di soia
900 g / 2 libbre di spinaci

Scaldare l'olio e rosolare la carne su tutti i lati. Rimuovere la maggior parte del grasso. Aggiungere il brodo, lo zucchero e la salsa di soia, portare a ebollizione, coprire e cuocere per ca. 2 ore, fino a quando il maiale sarà cotto. Togliere la carne dalla padella e lasciarla raffreddare leggermente, quindi tagliarla a fette. Aggiungere gli spinaci nella padella e cuocerli, mescolando delicatamente, finché saranno teneri. Scolate gli spinaci e disponeteli su un piatto caldo. Ricoprire con le fette di maiale e servire.

polpette di maiale fritte

Serve 4

450 g/1 libbra di carne di maiale macinata (macinata)
1 fetta di radice di zenzero tritata
15 ml / 1 cucchiaio di farina di mais (amido di mais)
15 ml/1 cucchiaio di acqua
2,5 ml/½ cucchiaino di sale
10 ml/2 cucchiaini di salsa di soia
olio per friggere

Aggiungere il maiale e lo zenzero, unire la farina di mais, l'acqua, il sale e la salsa di soia, quindi incorporare il composto al maiale e mescolare bene. Formate delle palline grandi quanto una noce. Scaldare l'olio e friggere le polpette finché non salgono in superficie. Togliere dall'olio e riscaldare. Riporta il maiale nella padella e cuoci per 1 minuto. Si asciuga bene.

Involtini di uova con carne di maiale e gamberi

Serve 4

30 ml/2 cucchiai di olio di arachidi
225 g / 8 oz carne di maiale macinata (macinata)
225 g di gamberetti
100 g/4 once di foglie cinesi tritate
100 g/4 oz di germogli di bambù, tagliati a strisce
100 g di castagne d'acqua, tagliate a listarelle
10 ml/2 cucchiaini di salsa di soia
5 ml/1 cucchiaino di sale
5 ml/1 cucchiaino di zucchero
3 cipolline (erba cipollina), tritate finemente
8 gusci di involtini d'uovo
olio per friggere

Scaldare l'olio e friggere il maiale fino a doratura. Aggiungere i gamberetti e farli rosolare per 1 minuto. Aggiungere le foglie cinesi, i germogli di bambù, le castagne d'acqua, la salsa di soia, il sale e lo zucchero e saltare in padella per 1 minuto, coprire e cuocere per 5 minuti. Aggiungere l'erba cipollina, passare al setaccio e lasciare scolare.

Disporre al centro di ogni guscio di rotolo qualche cucchiaio del composto di farcitura, ripiegare il fondo, ripiegare ai lati e arrotolare racchiudendo il ripieno. Sigillare il bordo con un po' del composto di farina e acqua e lasciare asciugare per 30 minuti. Scaldate l'olio e friggete gli involtini per circa 10 minuti, finché non saranno croccanti e dorati. Scolare bene prima di servire.

Maiale macinato al vapore

Serve 4

450 g/1 libbra di carne di maiale macinata (macinata)
5 ml / 1 cucchiaio di farina di mais (amido di mais)
2,5 ml/½ cucchiaino di sale
10 ml/2 cucchiaini di salsa di soia

Mescolare la carne di maiale con gli altri ingredienti e distribuire il composto in un piatto fondo. Mettere in una vaporiera con acqua bollente e cuocere per circa 30 minuti fino a cottura. Servitelo caldo.

Maiale fritto con polpa di granchio

Serve 4

225 g/8 oz di polpa di granchio, in scaglie
100 g/4 once di funghi tritati
100 g/4 once di germogli di bambù tritati
5 ml / 1 cucchiaio di farina di mais (amido di mais)
2,5 ml/½ cucchiaino di sale
225 g/8 oz di maiale cotto, affettato
1 albume d'uovo, leggermente sbattuto
olio per friggere
15 ml/1 cucchiaio di prezzemolo fresco tritato

Aggiungere la polpa di granchio, i funghi, i germogli di bambù, gran parte della farina di mais e il sale, tagliare la carne in quadrati di 5 cm. Prepara dei panini con il composto di polpa di granchio. Immergere gli albumi. Scaldare l'olio e friggere i panini, pochi alla volta, fino a doratura. Si asciuga bene. Servire cosparso di prezzemolo.

Maiale con germogli di soia

Serve 4

30 ml/2 cucchiai di olio di arachidi

2,5 ml/½ cucchiaino di sale

2 spicchi d'aglio, schiacciati

450 g / 1 libbra di germogli di soia

225 g/8 oz di carne di maiale cotta, tagliata a cubetti

120 ml / 4 fl oz / ½ tazza di brodo di pollo

15 ml/1 cucchiaio di salsa di soia

15 ml/1 cucchiaio di vino di riso o sherry secco

5 ml/1 cucchiaino di zucchero

15 ml / 1 cucchiaio di farina di mais (amido di mais)

2,5 ml/½ cucchiaino di olio di sesamo

3 scalogni (erba cipollina), tritati

Scaldare l'olio e soffriggere il sale e l'aglio fino a quando saranno leggermente dorati. Aggiungere i germogli di soia e il maiale e far rosolare per 2 minuti. Aggiungere metà del brodo, portare a ebollizione, coprire e cuocere per 3 minuti. Mescolare il brodo rimasto con il resto degli ingredienti, mantecare nella padella, portare ad ebollizione e cuocere per 4 minuti mescolando. Servire cosparso di erba cipollina.

maiale ubriaco

Serve 6

1,25 kg/3 libbre di maiale disossato
30 ml / 2 cucchiai di sale
pepe appena macinato
1 scalogno (erba cipollina), tritato
2 spicchi d'aglio, tritati
1 bottiglia di vino bianco secco

Mettete la carne di maiale in una padella e aggiungete sale, pepe, erba cipollina e aglio. Coprire con acqua bollente, portare ad ebollizione, coprire e cuocere per 30 minuti. Togliere la carne di maiale dalla padella, lasciarla raffreddare e asciugare per 6 ore o durante la notte in frigorifero. Tagliare la carne di maiale a pezzi grossi e metterla in un bicchiere ampio con coperchio a vite. Coprire con il vino, coprire e conservare in frigorifero per almeno 1 settimana.

coscia di maiale al vapore

Serve 6-8

1 piccola coscia di maiale
90 ml/6 cucchiai di salsa di soia
450 ml / ¾ pt / 2 tazze di acqua
45 ml/3 cucchiai di zucchero di canna
15 ml/1 cucchiaio di vino di riso o sherry secco
30 ml/2 cucchiai di olio di arachidi
3 spicchi d'aglio, schiacciati
450 g/1 libbra di spinaci
2,5 ml/½ cucchiaino di sale
30 ml / 2 cucchiai di farina di mais (amido di mais)

Forare tutta la pelle di maiale con un coltello affilato e strofinarla con 30 ml/2 cucchiai di salsa di soia. Mettete l'acqua in una pentola capiente, portate ad ebollizione, coprite e fate cuocere per 40 minuti. Scolare, conservando il liquido, lasciare raffreddare la carne di maiale e metterla in una ciotola resistente al calore.

Mescolare 15 ml/1 cucchiaio di zucchero, il vino o lo sherry e 30 ml/2 cucchiai di salsa di soia e strofinare sulla carne di maiale. Scaldare l'olio e friggere l'aglio fino a quando sarà leggermente dorato. Aggiungere lo zucchero rimasto e la salsa di soia, versare il composto sul maiale e coprire la ciotola. Mettete la ciotola nel wok e riempitela fino a metà dei lati con acqua. Coprire e cuocere a vapore per circa 1 ora e mezza, rabboccando con acqua bollente se necessario. Tagliare gli spinaci in pezzi di 5 cm/2 e cospargerli di sale. Fate bollire una pentola d'acqua e aggiungete gli spinaci. Lasciare riposare per 2 minuti fino a quando gli spinaci iniziano ad ammorbidirsi, scolarli e disporli su un piatto caldo. Metti sopra il maiale. Portare a ebollizione il brodo di maiale. Mescolare la farina di mais con un po' d'acqua, aggiungere il brodo e cuocere, mescolando, finché la salsa non si schiarirà e si sarà addensata. Versare sopra il maiale e servire.

Arrosto di maiale con verdure

Serve 4

50 g / 2 oz / ½ tazza di mandorle pelate
30 ml/2 cucchiai di olio di arachidi
sale
100 g di funghi a cubetti
100 g/4 oz di germogli di bambù, tagliati a dadini
1 cipolla, tagliata a dadini
2 gambi di sedano, tagliati a dadini
100 g di taccole (piselli), a cubetti
4 castagne d'acqua tagliate a cubetti
1 scalogno (erba cipollina), tritato
20 ml / 4 fl oz / ½ tazza di brodo di pollo
225 g / 8 oz Maiale alla griglia, tagliato a cubetti
15 ml / 1 cucchiaio di farina di mais (amido di mais)
45 ml/3 cucchiai di acqua
2,5 ml/½ cucchiaino di zucchero
pepe appena macinato

Tostare le mandorle finché non saranno leggermente dorate. Scaldare l'olio e il sale, aggiungere le verdure e friggerle per 2 minuti finché non saranno ricoperte d'olio. Aggiungere il brodo, portare a ebollizione, coprire e cuocere per 2 minuti, finché le verdure saranno quasi cotte ma ancora croccanti. Aggiungere il maiale e scaldarlo. Mescolare la farina di mais, l'acqua, lo zucchero e il pepe e incorporarli alla salsa. Cuocere, mescolando, finché la salsa non sarà chiara e si sarà addensata.

due volte maiale

Serve 4

45 ml/3 cucchiai di olio di arachidi

6 scalogni (erba cipollina), tritati

1 spicchio d'aglio, schiacciato

1 fetta di radice di zenzero tritata

2,5 ml/½ cucchiaino di sale

225 g/8 oz di carne di maiale cotta, tagliata a cubetti

15 ml/1 cucchiaio di salsa di soia

15 ml/1 cucchiaio di vino di riso o sherry secco

30 ml/2 cucchiai di pasta di fagioli

Scaldare l'olio e soffriggere la cipolla, l'aglio, lo zenzero e il sale finché non saranno leggermente dorati. Aggiungere il maiale e rosolare per 2 minuti. Aggiungere la salsa di soia, il vino o lo sherry e la pasta di fagioli e cuocere per 3 minuti.

www.ingramcontent.com/pod-product-compliance
Lightning Source LLC
Chambersburg PA
CBHW071857110526
44591CB00011B/1445